HEYNE<

W0040426

Sigi Kube schreibt als Journalistin für verschiedene Frauen- und Wirtschaftszeitschriften. Sie war außerdem Redaktionsleiterin und Autorin der bekannten Hörfunkserie »Die wahre Geschichte« bei Klassik Radio, in der über viele Jahre hinweg interessante Rätselgeschichten aus dem Leben berühmter Persönlichkeiten sowie von fast vergessenen Ereignissen der Weltgeschichte erzählt wurde.

Im Heyne Verlag erschien von ihr *Wie kommt die Katze in den Sack und was weiß der Kuckuck davon?*

Sigi Kube

SCHMAUS UND BRAUS

Genussvolle Geschichten
rund ums Essen und Trinken

WILHELM HEYNE VERLAG
MÜNCHEN

Verlagsgruppe Random House FSC-DEU-0100
Das für dieses Buch verwendete
FSC®-zertifizierte Papier *Holmen Book Cream*
liefert Holmen Paper, Hallstavik, Schweden.

Originalausgabe 10/2012

Copyright © 2012 by Wilhelm Heyne Verlag, München,
in der Verlagsgruppe Random House GmbH
Printed in Germany 2012
Redaktion: Angelika Lieke, München
Umschlaggestaltung:
Hauptmann & Kompanie Werbeagentur, Zürich
Satz: C. Schaber Datentechnik, Wels
Druck und Bindung: GGP Media GmbH, Pößneck

ISBN: 978-3-453-66030-4

www.heyne.de

Inhalt

Ein Gruß aus der Küche

Kommt das Eisbein aus der Kälte? Seinen Namen jedenfalls haben weder Kühlschrank noch Tiefkühltruhe geprägt, denn die Berliner Spezialität hat ursprünglich gar nichts mit Essen zu tun. Und auch eine Leberwurst kann natürlich nicht wirklich beleidigt sein. Sicher ist jedem von uns irgendwann schon einmal aufgefallen, wie häufig wir uns oftmals kurioser sprachlicher Bilder aus der Küche bedienen. Manchmal glaubt man nach einigem Überlegen, eine Erklärung gefunden zu haben, schließlich liegen die Themen rund um Küche und Kochen zurzeit total im Trend, und wir fühlen uns sprachlich in diesem Bereich zu Hause. Doch nach der wahren Herkunft befragt, sind wir meistens ratlos. Es lohnt also, sich auf die Suche nach dem Ursprung des »Küchenlateins« zu machen und die oft abenteuerlichen Geschichten hinter der Bezeichnung berühmter Gerichte aufzuspüren.

Auf den folgenden Seiten wollen wir exemplarische, allgemein bekannte sprachliche Bilder betrachten, die unser Essen und Trinken darstellen. Einige der alltäglichen Wendungen bedürfen keiner Erklärung; wenn wir jemand in die Pfanne hauen, soll er fertiggemacht werden, doch wer den Braten riecht, ahnt die Gefahr. Aber woher kommt die »treulose Tomate«, der »Pustekuchen« oder das »Weichei«? Überraschenderweise stellt sich heraus, dass fast alle vertrauten Redewendungen negativer Natur sind und deren bitterer Beigeschmack möglicherweise darauf hinweist, dass der Futterneid tief in der Seele der Menschen verankert ist.

»Schmaus und Braus« enthält neben linguistischen Delikatessen auch bekannte Gerichte, deren »Biografien« eine spannende Geschichte haben. Den Brauch, Gerichte nach berühmten Personen zu benennen, gab es schon im Altertum, und auch heute ist das »Who is who« in der Welt der Rezepte nicht nur eine Frage des Geschmacks, sondern auch ein Hinweis auf ihre Ursprünge.

Redensarten sind das Salz in der Suppe, doch wer sie falsch benutzt, gerät leicht in Teufels Küche. Unbekannte und unglaubliche historische Begebenheiten, Anekdoten, Legenden über Speisen und Getränke wurden hier in Form von kurzen Geschichten wie Fingerfood zusammengestellt. Beim Genießen und Staunen kann man beispielsweise herausfinden, dass man sich nicht unbedingt zu viel auf die Lampe gegossen haben muss, um ins Fettnäpfchen zu treten.

Als Autorin der beliebten Hörfunkserie »Die wahre Geschichte« habe ich mit großem Vergnügen häufig unbekannte, außergewöhnliche und witzige Fakten zusammengetragen und dabei festgestellt, dass hinter vielen Redewendungen und Begriffen oft auch eine »wahre Geschichte« steckt. Ich bin überzeugt, dass dieses Buch Ihnen interessanten Gesprächsstoff für zukünftige Tischgespräche liefern kann.

A

Ach, du dickes Ei

Vielleicht zwitscherte das kleine Singvogelweibchen ein erstauntes »Ach, du dickes Ei!«, als es inmitten seines Geleges das große, gesprenkelte Ei des Kuckucks entdeckte. Der Kuckuck ist ein Brutschmarotzer, er raubt die Eier der Singvögel, um sie zu fressen, und weil er offenbar keine Lust hatte, seinem Nachwuchs ein eigenes Nest zu bauen, kam er irgendwann bei seinen Raubzügen möglicherweise auf den Trick, seine Eier ins fremde Nest zu legen. Das seltsame Verhalten des Kuckucks erstaunte die Menschen, und im Lauf der Zeit galt der Ausruf »Ach, du dickes Ei!« für jedes ungewöhnliche Ereignis.

Die rätselhaften Wege der Natur zeigen sich auch in den Eiern selbst. Unter seiner zerbrechlichen Hülle aus Kalk verbirgt das Ei zahlreiche Geheimnisse. Seine Zusammensetzung ist eigentlich entschlüsselt, es enthält die Vitamine A, B, D und E, tierisches Eiweiß, Mineralstoffe, gesättigte und ungesättigte Fette. In England gehört das Ei zum Frühstück wie die Butter zum Brot, während bei uns die darin enthaltenen etwa 200 Milligramm Cholesterin manchen den Genuss verdorben haben. Rätselhaft und ungeklärt ist allerdings noch, warum sich die Luftkammer im Ei immer am stumpfen

Ende befindet. Ebenfalls nicht ganz geklärt ist nach wie vor die Frage, was kommt zuerst raus, das dicke oder das spitze Ende. Mittels Röntgenaufnahmen sah ein englischer Forscher das stumpfe Ende vorne, sein deutscher Kollege dagegen war sicher, das spitze Ende zuerst entdeckt zu haben. Das Gelbe vom Ei sind beide Ergebnisse nicht, und die Untersuchungen und Spekulationen werden wohl weitergehen.

Der Glibber im Inneren des Eis gilt als der Ursprung allen Lebens und faszinierte die Menschen zu allen Zeiten. Bereits in der Antike wurde die Frage diskutiert, was zuerst da war, das Ei oder die Henne. Vor allem im Frühling, wenn das Leben nach langem Winterschlaf erwachte, huldigte man dem Ei als Fruchtbarkeitssymbol, und mächtige Eierkronen oder auch die bunten Eier zur Osterzeit erinnern in manchen Gegenden noch heute an alte heidnische Bräuche.

Das Ei war aber nicht nur ein Symbol für Leben und Fruchtbarkeit, sondern in erster Linie ein wichtiges Nahrungsmittel. Als Fastenspeise war es gar unverzichtbar.

In der Natur gibt es eine große Vielfalt an Eiern, doch das menschliche Begehren konzentrierte sich fast ausschließlich auf das Hühnerei. An zweiter Stelle stehen Enteneier, die vor allem in Holland und Belgien gern in die Pfanne geschlagen werden und auch in Asien zum alltäglichen Speisezettel gehören. Beim »hundert-« oder »tausendjährigen« Ei der Chinesen handelt es sich ebenfalls um ein Entenei. Der Name ist allerdings etwas irreführend, der Herstellungsprozess dauert etwa neunzig Tage, und danach ist das Ei nur noch einige Monate haltbar. Es hat eine graugrüne Farbe, ist butterweich und schmeckt angeblich besser, als es riecht.

Die vielleicht berühmtesten, mit Sicherheit aber die kostbarsten Ostereier schuf der russische Hofjuwelier Peter Carl Fabergé, seine Prunkeier sind mit Edelsteinen geschmückte Kunstwerke.

Auch bei dem praktischen Beweis einer überraschend einfachen Lösung eines schwierigen Problems stand ein Ei im Mittelpunkt. Der italienische Historiker Benzoni berichtet im Jahr 1565 über ein Gespräch an der Tafel des Kardinals Mendoza, bei dem die Gäste herablassend bemerken, dass die Entdeckung der Neuen Welt durch Christoph Kolumbus gar nicht so außerordentlich sei, schließlich hätte jeder andere der Tafelrunde auch auf die Idee kommen können. Kolumbus platzte fast die Halskrause, und er forderte die Wichtigtuer auf, ein Ei aufrecht auf den Tisch zu stellen. Als es keinem von ihnen gelang, erhob sich der Seefahrer, nahm das Ei, schlug es auf der stumpfen Seite platt und stellte es mit der Spitze nach oben auf den Tisch. Bis heute gilt bei der Entdeckung einer simplen Lösung für ein schwieriges Problem die Redewendung: »Das ist das Ei des Kolumbus«, besonders wenn sich die Situation zuvor als ungewöhnlich und noch nie dagewesen, im Sinne von »Ach, du dickes Ei«, dargestellt hatte.

Alles in Butter

Es war die Sensation im Jahr 1295, als der seit über zwanzig Jahren vermisste Marco Polo aus dem fernen China in seine Vaterstadt Venedig zurückkehrte. Sensationell waren auch seine Berichte über riesige Städte, die er gesehen hatte, über unermessliche Schätze, Kohle, Schießpulver, Papier und exotische Gewürze. Tatsächlich hatte Marco Polo einen neuen Markt entdeckt, und schon bald brachten die venezianischen Handelsreisenden von ihren Fahrten in den Orient kostbare Waren mit. Vor allem brachten sie auch die Geheimrezeptur für ein neues Material, das im 13. Jahrhundert auf der kleinen Insel Murano vor Venedig ein hochgeschätztes Handwerk begründete. Es war reinstes Kristallglas, das die venezianischen Glasbläser aus einer Mischung von feinem Quarzsand und Pottasche erzeugten, und schon bald waren die Reichen in ganz Europa geradezu verrückt nach Gläsern aus Murano. Und damit dieses Geschäft nicht in konkurrierende Hände fiel, wachten die Venezianer argwöhnisch über die Geheimhaltung ihrer Glasrezepturen.

Das Ansehen der Glasmacher war hoch, und nicht selten wurden sie in den Adelsstand erhoben – allerdings nicht ohne die permanente Drohung, dass die Weitergabe der geheimen Rezeptur mit der Todesstrafe geahndet würde. Man wollte sicherstellen, dass die begehrten Pokale mit Hohlstielen und die Fußschalen mit den Reliefs des Markuslöwen ausschließlich in Murano gefertigt werden konnten. Es waren der einzigartige Glanz und die absolute Transparenz, die alle Gläser aus Murano auszeichneten, weswegen sie an den Fürstenhöfen nördlich der Alpen zum begehrten Luxusartikel wurden.

Als die barocke Sinnlichkeit alles üppig und glänzend haben wollte, gehörte das zerbrechliche Glas aus Murano zu jeder fürstlichen Ausstattung. Es entwickelten sich die unterschiedlichsten Formen für die verschiedenen Getränke, Stielgläser, Kelche und Pokale und auch das Römerglas. Übrigens stammt der Name nicht von einem römischen Trinkgefäß, sondern von dem niederländischen Wort *roemen*, was so viel wie »jemanden hochleben lassen« heißt. Welche Bedeutung Trinkgläser damals hatten, kann man erahnen, wenn man zeitgenössische Bilder niederländischer Maler betrachtet. Nicht nur auf Stillleben werden häufig Gläser dargestellt, auch Porträtierte präsentieren gerne einen der wertvollen, fragilen Kelche, wie beispielsweise der berühmte Rembrandt auf einem frühen Selbstbildnis mit seiner Frau Saskia.

Zwar glühten die Schmelzöfen der Glasbläser Tag und Nacht und die Produktion lief auf Hochtouren, dennoch konnte der Bedarf bald kaum noch gedeckt werden, denn der Transport war überaus problematisch. Ein großer Teil der filigranen Statussymbole aus Venedig ging während ihrer Reise auf Eselskarren über die engen, holprigen Alpenpässe zu Bruch. Obwohl man die Gläser sorgfältig in Leinentücher wickelte und sie in Kisten packte, die mit Heu ausgepolstert wurden, kam die Ware häufig nur noch in Scherben am Zielort an.

Nach Holland, im hohen Norden Europas, mussten die Waren aus Venedig auf eine besonders lange Reise gehen, und es ist anzunehmen, dass gerade dorthin oft nur unbrauchbare Glassplitter geliefert wurden. Es musste also eine stoßfeste Verpackung gefunden werden. Wer letztlich die zündende Idee hatte, ist nicht überliefert. Vielleicht waren es die Holländer mit ihrer Milchwirtschaft, vielleicht waren es aber auch findige venezianische Exporteure, jedenfalls entschloss man sich irgendwann, die zerbrechliche Ware in Fässer zu schichten und mit warmer, flüssiger Butter zu umhüllen.

Die Butter kühlte ab und verfestigte sich, sodass die kostbaren Gläser rundherum geschützt waren. Ein so gefülltes Fass durfte auch mal vom Wagen purzeln.

Am Zielort angekommen, galt es, die spannende Frage zu klären: Ist noch alles in Butter? Also erhitzte man die Fässer, goss das Fett ab und entnahm die Gläser. Tatsächlich erfüllte das Fett alle Anforderungen, und rundum eingebettet kamen von nun an die wertvollen Gläser aus Murano unversehrt auch im hohen Norden Europas bei den Kunden an.

Inzwischen werden zerbrechliche Waren durch Styropor und alle möglichen Arten von Luftpolsterfolien geschützt. »Alles in Butter«, sagen wir aber auch heute noch, um auszudrücken, dass es keine Probleme gibt und alles in bester Ordnung ist.

Am Hungertuch nagen

Hunger ist ein sehr unangenehmes Gefühl, das uns nahezu nötigt, irgendwelche Nahrung aufzunehmen, und sei es am Hungertuch zu nagen, wie es in einer Redensart heißt. Diese blumig klingende Beschreibung einer möglichen Sättigungsart wird heute meistens nur noch scherzhaft gebraucht.

Das Hungertuch war ursprünglich ein schmuckloser schwarzer oder blauer Leinenvorhang, mit dem in der Zeit von Aschermittwoch bis Ostern in den Kirchen der Altar verhängt wurde, um ihn für die Gläubigen unsichtbar zu machen. Dem gleichen Zweck dienten auch die prächtigen Flügelaltäre, die während der Fastenzeit geschlossen wurden und nur profane Szenen in matten Tönen zeigen. Damit sollten der Ausschluss aus dem Paradies versinnbildlicht und die Fastenzeit angezeigt werden. Die Idee geht zurück auf den jüdischen Tempelvorhang, der im Neuen Testament im Zusammenhang mit dem Kreuzestod Jesu erwähnt wird.

Velum quadragesimale heißt das Tuch in der Sprache der Kirche und soll auf die vierzigtägige Dauer der Fastenzeit hinweisen. Der Brauch der Hunger- oder Fastentücher entstand im Mittelalter, und ursprünglich verdeckten riesige Hungertücher den gesamten Chorraum, um der Gemeinde den Blick auf den Altar und die Reliquien zu verwehren. Die Feier der lateinischen Messe konnte man zwar hören, die Rituale fanden allerdings im Verborgenen statt. Den Gläubigen sollte durch diesen Ausschluss bewusst gemacht werden, dass sie zu sündig waren, um Jesus Christus im Leiden der Passionszeit anzuschauen. Erst durch das Entfernen des Fastentuchs in der Osternacht stand Christus wieder in seiner ganzen unverhüllten Göttlichkeit vor ihnen.

Der reformatorische Bildersturm hat nur wenige Hungertücher aus dem Mittelalter verschont, eine Seltenheit ist daher das 1472 von einem Gewürzkrämer gestiftete Zittauer Hungertuch mit 108 Temperafarbbildern.

Der volkssprachliche Ausdruck »am Hungertuch nagen« bezog sich ursprünglich nicht nur auf materielle Armut, sondern auch auf die als Bedrängnis empfundene Gottferne. Beim berühmten Nürnberger Meistersinger Hans Sachs heißt es noch »am Hungertuch nähen«. Vielleicht hat sich das »Nagen« aus der scherzhaften Verschmelzung mit einer alten norddeutschen Redensart »die Hungerpfoten nagen« oder »saugen« entwickelt. Angeblich glaubte man, dass Bären im Win-

ter bei Nahungsmangel und Hunger an den Pfoten
saugen, was als ebenso sinnlos erscheint, wie am Hungertuch zu nagen.

Asbach Uralt

»Kennst du den …?« ist einer der üblichen Einleitungs-
sätze leidenschaftlicher Witze-Erzähler. Ist der Witz neu
und wirklich lustig, lachen alle, wenn nicht, wird er mit
einem müden »Asbachuralt!« quittiert.

Diese umgangssprachlich scherzhaft gemeinte Redewendung bezieht sich auf ein alkoholisches Getränk,
nämlich den Weinbrand der Firma Asbach. Hugo
Asbach hatte in Frankreich gelernt, wie sich aus Wein
guter Schnaps herstellen lässt. Mit der Rezeptur kehrte
er zurück in seiner Heimatstadt Rüdesheim am Rhein
und destillierte ab 1892 in seiner kleinen Brennerei
Wein zu Branntwein. Sein Produkt nannte er zunächst
Cognac Asbach, das er – wie seine berühmten französischen Konkurrenten Martell und Hennessy das ihre –
zu einer bekannten Marke machen wollte. Zunächst
ließ er den Namen Asbach Uralt beim Kaiserlichen Pa-
tentamt schützen, wobei »uralt« auf die lange Reifezeit
des Weines hinweisen sollte, einem der wesentlichen
Kriterien für exzellenten Branntwein. In der Patent-
schrift wurde Asbach Uralt allerdings nicht als Cognac
bezeichnet, sondern als Weinbrand, einer Wortschöpfung von Hugo Asbach. Nachdem im Versailler Vertrag
von 1919 den deutschen Destillateuren die Marken-
bezeichnung »Cognac« ausdrücklich verboten worden
war, machte das Wort Weinbrand in der Alltagssprache

schnell Karriere. 1923 wurde der Begriff Weinbrand ins deutsche Weingesetz aufgenommen.

Eine Verkaufsstrategie, die von der Firma Asbach konsequent verfolgt wurde, war Werbung. Bereits im Jahr 1937 kreierte man den Slogan »Im Asbach Uralt ist der Geist des Weines« und 1955 dann den Spruch: »Wenn einem so viel Gutes widerfährt, das ist schon einen Asbach Uralt wert.« Hauptmerkmal eines guten Weinbrands war sein Alter, und das bezeichnete die Firma Asbach als »uralt«. Der Weinbrandhersteller bereicherte also die deutsche Umgangssprache neben der Wortschöpfung »Weinbrand« auch durch den Begriff »Asbachuralt«, bis heute ein Synonym für etwas Altes und bereits lange Bekanntes.

Auf Messers Schneide

Im wahrsten Sinne des Wortes auf Messers Schneide stand die elitäre Kunst des Tranchierens, die jeder Adlige von Welt beherrschen musste, um durch diese Kunstfertigkeit die Überlegenheit der Oberschicht zu demonstrieren.

Bis zum Ende des 17. Jahrhunderts wurden komplette Fische, Vögel samt Federn, ganze Hasen und Lämmer sowie Kälberhälften an der Tafel vorbeigetragen, um auf dem Vorschneidetisch kunstvoll zerlegt zu werden. Vergleichbar mit Duellregeln gab es genaue Anweisungen, die ein Tranchierer beim Zerteilen zu befolgen hatte. Die vorgeschriebene perfekte, nahezu akrobatische Körperhaltung, die genaue Führung des Messers und schließlich die Präsentation des wohlportionierten Fleisches waren wahrhaftig ein Tanz auf Messers Schneide. Als die Haushalte immer kleiner wurden und große Fleischberge nicht mehr angesagt waren, verschwand allmählich auch das kunstvolle Zerlegen vor aller Augen.

Dennoch gibt es für die Kunst des Tranchierens auch heute noch ein Podium, denn stets auf Messers Schneide ist der Genuss der japanischen Fischspezialität Fugu. Eigentlich ist der Fisch absolut harmlos, dennoch kann der Mensch durch den Genuss von Kugelfisch leicht in die ewigen Fischgründe eingehen.

Gegen das tödliche Gift Tetrodotoxin, das in seinen Innereien lauert, gibt es bis heute kein Gegenmittel. Das wohlschmeckende Fleisch des Fisches ist harmlos, denn wenn die entscheidenden Innereien sauber herausgetrennt werden, besteht für niemanden Gefahr. Werden beim Tranchieren die giftigen Teile allerdings auch nur geringfügig geritzt, breitet sich das Gift sofort aus, und der gesamte Fisch wirkt tödlich. Für den Feinschmecker steht der Genuss also immer auf Messers Schneide.

Dennoch, das Messer, das in der Redewendung »auf Messers Schneide« zitiert wird, taugt nicht zum Tranchieren, denn mit ihm kann man weder schneiden noch jemanden verletzen. Es war der griechische Dichter Homer, der vor fast dreitausend Jahren in seinem berühmten Epos Ilias den dramatischen Verlauf des Trojanischen Kriegs beschrieben hat. Dort verdeutlicht der Held Odysseus die prekäre Situation der Griechen mit den Worten: »… denn nun steht es allen fürwahr auf der Schärfe des Messers: Schmählicher Untergang den Achäern oder auch Leben!« Die Bezeichnungen »Schärfe« – eine alte Bezeichnung für Schneide – und

»Messer« sollen eine heikle Situation andeuten und darauf hinweisen, dass ein kritischer Punkt erreicht ist. Bis heute verweist der Satz »Es steht auf Messers Schneide« auf einen ungewissen Ausgang. Die volkstümliche Redewendung bezieht sich also auf Personen oder einen Vorgang, bei dem alles auf dem Spiel steht und gerade im Begriff ist, sich zum Positiven oder auch zum Negativen zu entscheiden.

B

Baiser

Es ist eine Falle, in die man nur allzu leicht tappt. Das Wort Baiser, das köstliche Schaumgebäck, das aus nichts anderem als Eiweiß und Zucker besteht, klingt so schön französisch. Die Franzosen lieben es angeblich, wenn man ihnen in ihrer Muttersprache begegnet, doch wer im Café bei der netten Bedienung *un baiser* bestellt, muss verstört feststellen, dass »Mademoiselle« plötzlich verlegen wird oder ärgerlich auf die Tür weist, wenn nicht gar die Bestellung mit einer Ohrfeige quittiert. Diese heftige Reaktion ist nur zu verstehen, wenn man weiß, dass *baiser* auf Französisch »Kuss« bedeutet. Andere Länder, andere Sitten. Am königlichen Hof in England soll das Schaumgebäck tatsächlich *kiss* genannt worden sein, also doch Kuss, weil ja bekanntlich nichts süßer ist.

Die Franzosen allerdings wissen nichts vom süßen Küsschen. In Frankreich heißt die mit Puderzucker und einer Prise Salz steifgeschlagene Eiweißmasse, die im Ofen eher getrocknet als gebacken wird, *meringue*. Die Bezeichnung verweist angeblich auf den Schweizer Herkunftsort des Gebäcks: Meiringen, eine kleine Gemeinde im Berner Oberland. Quellen, die Meiringen als Herkunftsort und Namensgeber belegen, gibt es allerdings nicht, denn alle historischen Dokumente sind bedauerlicherweise Opfer eines Feuers geworden. Tatsache ist jedoch, dass »Merinken« im süddeutschen und österreichischen Raum eine noch heute bekannte Bezeichnung für Baiser ist. Jedenfalls scheinen sich alle Fachleute einig zu sein, dass der *créateur* des Werks aus Schaum und Süße ein Schweizer Konditor namens Gasparini war.

Viele Legenden ranken sich um die Herkunft des Baisers. Zucker war für das kleine, bäuerliche und sicher nicht reiche schweizerische Meiringen viel zu teuer und zu wertvoll, um so ein Schaumgebäck verkaufen zu können. Diese Spezialität brauchte ein luxuriöses und fürstliches Umfeld, und so scheint eine andere Geschichte über die Herkunft glaubwürdiger. Demnach wurde der Pâtissier Gasparini um 1720 aus einem Ort namens Mehrinyghen an den Hof des nach Frankreich emigrierten polnischen Ex-König Stanislaus Leszczyńsky berufen, wo er zur Freude des Polen das Schaumgebäck kreierte. Gerüchten zufolge war Gasparini allerdings nicht wegen König Stanislaus, sondern wegen seiner Tochter Maria nach Versailles gekommen, um ihr die Kenntnisse des *manière de faire*, also der hohen Zuckerbäckerkunst beizubringen. Prinzessin Maria Leszczyńska war wohl eine gelehrige Schülerin, denn der französische König Ludwig XV. erlag der polnischen Prinzessin und ihrer süßen Kochkunst, und nachdem sie verheiratet waren, wurden Marias Meringues in ganz Frankreich bekannt.

Fest steht, dass am französischen Hofe von Louis XV. das Gebäck ganz oben auf der Dessertkarte stand, und dort dürfte es auch die Bezeichnung Meringues erhalten haben. Die Kreation und der Name begannen ihren Siegeszug um die Welt, nur in Deutschland blieb man bei dem süßen Busserl, dem Baiser.

Rezept Baisers/Meringues

FÜR CA. 20 MINIBAISERS:

2 frische Eiweiß
1 Prise Salz
100 g Zucker

Eiweiß mit dem Salz steifschlagen, die Hälfte des Zuckers beigeben, weiterschlagen, bis die Masse glänzt. Restlichen Zucker beigeben. Meringue-Masse in einen Spritzbeutel mit gezackter Tülle geben, auf ein mit Backpapier belegtes Blech spritzen. Ungefähr 3 Stunden in der Mitte des auf 80 Grad vorgeheizten Ofens trocknen, Ofentür dabei leicht offen halten. Meringues herausnehmen, auskühlen lassen.

Bananenflanke

Die Banane, eine der ältesten Kulturpflanzen überhaupt, kommt ursprünglich aus Südostasien und ist – botanisch gesehen – eigentlich eine Beere. Sie wurde bereits 600 v. Chr. in buddhistischen und indischen Schriften erwähnt, Amerika und Europa erreichte sie hingegen erst im 19. Jahrhundert. Doch hier bekam die Banane eine Symbolkraft, die sie weit über ihren Status als bloße Frucht hinaushob.

Zunächst avancierte die Banane, vielmehr deren Schale, zum Superstar des Stummfilms, denn nichts war lustiger anzuschauen als das Ausrutschen einer Person auf einer Bananenschale. Weniger rutschig, sondern eher als schlüpfrig galten die berühmten Auftritte von Josefine Baker, die, nur mit einem Bananenröckchen bekleidet, den Hauch des Erotisch-Exotischen verbreitete und als Tänzerin in den 1920er Jahren zu einem berühmten Revuestar avancierte. Dabei ist die erotische Symbolkraft der Frucht gar nichts Neues. Einer Sage aus dem heutigen Sri Lanka nach soll eine Schlange den ersten Menschen mit einer Banane verführt haben.

Im Lauf der Zeit hat die Banane ihr exotisch-anrüchiges Image verloren und sich im Sport etabliert, und zwar speziell im Fußball. Jeder Torwart kennt und fürchtet Bälle, die in einem hohen Bogen angeflogen kommen und die man wegen ihrer krummen Flugbahn Bananenflanken nennt. Durch ein gezieltes, seitliches Anspielen des Fußballs, dem sogenannten Anschneiden, ist es fast unmöglich zu erkennen, wohin der Ball fliegt. Die Abwehr wird ausgetrickst, und am Ende heißt es: Tor!

Dieser unberechenbare Drall beruht auf dem sogenannten Magnus-Effekt, benannt nach Heinrich Magnus, einem deutschen Physiker und Chemiker. Er entdeckte das aerodynamische Phänomen 1852 bei Experimenten mit rotierenden Geschossen. Durch eine Drehung um die eigene Achse wird der Ball durch Luftwirbel seitlich ablenkt und so aus seiner geraden Flugbahn gedrängt.

Bereits Anfang des 20. Jahrhunderts hatte der legendäre brasilianische Fußballspieler Arthur Friedenreich eine ausgefeilte Schusstechnik entwickelt und überraschte die Torhüter mit dem damals noch unbekannten Effet-schuss. Er hatte zuvor versucht, Flaschen von der Tor-latte zu schießen, traf aber den Ball an der Seite und stellte fest, dass man auf diese Weise den Gegner aus-tricksen konnte. Auch bei der Bananenflanke bekommt der Ball durch seitliches Ankicken einen starken Drall und ist bei hoher Geschwindigkeit selbst für Profis un-berechenbar.

Beleidigte Leberwurst

Die frühgeschichtliche Annahme, dass bestimmte Säfte und ihre Mischung das ganze Sein, Verhalten und den Charakter eines Individuums bestimmen, ist bis heute nicht aus unserem Denken verschwunden. Bei den vier Säften handelte es sich um Blut, weißen Schleim, schwarze Galle und gelbe Galle, die wiederum den vier Organen Leber, Herz, Milz und dem Gehirn sowie den vier Ele-menten Luft, Wasser, Erde und Feuer zugeordnet wur-den. Aus diesen Zuordnungen entwickelte man vier Temperamente: den Melancholiker, den Sanguiniker, den Phlegmatiker und den Choleriker. Die Gesund-heitslehre der antiken Zeit berief sich darauf, dass alle vier Säfte im Gleichgewicht sein müssen und ein Un-gleichgewicht den Menschen krank macht.

Für den Choleriker galten die Koordinaten gelbe Galle, Feuer und Leber, wobei die Leber volkstümlich als der Ort des Ärgers, des Grolls und der Wut galt und vor allem schmerzte, wenn diese Regungen unterdrückt wurden. Aus medizinischer Sicht ist die Leber das zen-trale Stoffwechselorgan des Menschen. Sie ist mit einem

Gewicht von ungefähr drei Pfund das größte Organ des menschlichen Organismus, und wenn sie versagt, ist das tödlich. Üppiges Essen und Alkohol strapazieren die Leber. Das Entgiftungsorgan ist zwar sehr regenerationsfähig, auf Dauer nimmt es Ausschweifungen aber doch übel. Bei ihrem Versagen würden unzählige Giftstoffe und schädliche Abbauprodukte den Körper überschwemmen, denn die Leber ist sozusagen das Chemielabor des Körpers und für Blutgerinnung, Stoffwechsel, Hormone, Entgiftung, Speicherung und Krankheitsabwehr unentbehrlich. Ein so wichtiges Organ sollte man besser nicht durch einen ungesunden Lebenswandel beleidigen.

Ob man auch eine Leberwurst beleidigen kann, ist unwahrscheinlich. Dennoch gibt es die Geschichte von einem Metzger, der in einem großen Kessel Würste gekocht hat. Je nachdem, wie lange sie kochen mussten, nahm er eine Wurst nach der anderen heraus. Nachdem schließlich auch die Blutwurst aus dem Kessel geholt wurde und die Leberwurst ganz allein zurückblieb, war sie so sehr beleidigt, dass sie schließlich vor Wut platzte. Diese lustig-spottende Erzählung ist wahrscheinlich erst in der jüngeren Vergangenheit entstanden und sollte vielleicht volkstümlich die antike Lehre von den Temperamenten und der Leber als Sitz der Lebenssäfte und des Zorns erklären.

Eindeutig bewiesen hingegen ist, dass die Leberwurst zusammen mit der Blutwurst und neben Fastnachtsküchlein aller Art am Abend vor Beginn der Fastenzeit an oberster Stelle der Fastnachtsspeisen stand. Schon bei den Kelten und Germanen war das Schwein ein beliebtes Opfertier und eng verbunden mit dem Mutterkult. Die Wurst war gleichsam die Potenzierung des

Schweins, wobei nicht zuletzt ihre phallische Form an Fruchtbarkeitssymbole erinnert. An Fastnacht garantierte der Genuss von Würsten den Menschen Gesundheit, und auch die Münchner Sitte, auf Faschingsfesten um Mitternacht Weißwurst zu verzehren, geht letztlich auf diesen alten Brauch zurück.

Wann genau sich die Wurst zur Leber gesellte und sich gekränkt fühlte, ist nicht mehr nachvollziehbar. Jedenfalls hat sich die scherzhafte Redewendung von der beleidigten Leberwurst bis heute gehalten und wird auf Menschen angewandt, die sich meist ohne einen triftigen Grund in die Schmollecke zurückziehen.

Birchermüesli

Das 19. Jahrhundert war geprägt von patriarchalen Gesellschaftsstrukturen und galt darüber hinaus als das Jahrhundert des Fleisches. Fleisch war das Essen der Männer und die bevorzugte Nahrung des gehobenen Bürgertums. Auch unter Wissenschaftlern und Medizinern galt es als das wertvollste aller Nahrungsmittel. Kein Wunder, dass der Schweizer Arzt Dr. Oskar Bircher-Benner Spott und Tadel sowie die einhellige Ablehnung seiner Kollegen erntete, als er im Januar 1900 vor der Zürcher Ärztegesellschaft erklärte, es sei wesentlich besser, Getreide, Früchte und Gemüse zu essen als tierische Produkte. Einer der Teilnehmer erklärte gar, kein Mensch, außer vielleicht Frauen, könne ausschließlich Gemüse essen, doch der damals 33-jährige Mediziner, Anhänger einer ganzheitlich orientierten Medizin, ließ sich nicht beirren.

Der Zürcher Arzt wollte nicht nur die Essgewohnheiten revolutionieren, er versuchte auch, seine Patienten zu einem insgesamt harmonischen Leben, ganz im Einklang mit der Natur, zu erziehen. Seine ganzheitlichen Heilmethoden wurden in seinem 1897 am Zürichberg gegründeten Sanatorium »Lebendige Kraft« umgesetzt. Der Name war Programm: Spaziergänge, Sonnenkuren und Bäder sollten die verwöhnten, verweichlichten und leicht schwindsüchtigen Gäste wieder vital und kräftig machen. Kernpunkt der Behandlung war ein Brei aus eingeweichtem Getreide, Äpfeln, Zitronensaft, Milch und Nüssen, das, täglich verzehrt, gegen Allergien, Rheuma und Magenprobleme helfen sollte. Den Pionier der biologischen Gesundheitsmedizin, Oskar Bircher-Benner, kennt kaum noch jemand, seine »Sonnenlichtnahrung«, das Birchermüesli, hingegen ist heute populärer denn je.

Rezept Birchermüesli

FÜR EINE PORTION:

1 gestrichenen EL Haferflocken (8 g) in 3 EL Wasser 12 Stunden einweichen. Je 1 EL Zitronensaft und gezuckerte Kondensmilch, 1 großen Apfel, gerieben mit Schale und Kernhaus, 1 EL gemahlene Haselnüsse oder Mandeln hinzufügen.

Birne Helene

Drei Frauen kommen als Namensgeberinnen für das berühmte Dessert Birne Helene infrage, alle drei galten als besonders schön, und jede war zu ihrer Zeit wohl auch berühmt. Wann die Leckerei erfunden wurde, weiß niemand, und das bedeutet, dass die Beweislage ziemlich dürftig ist. Erste Kandidatin, der das feine Dessert gewidmet sein könnte, ist die römische Kaiserin Helena, Mutter Kaiser Konstantins des Großen, die bis heute als Heilige verehrt wird. Fest steht allerdings, dass sie niemals die Birne in Schokosauce gegessen hat, denn Schokolade gab es vor der Entdeckung Amerikas in ihren Breitengraden noch nicht.

Eine weitere mögliche Namenspatronin ist die aus der griechischen Mythologie bekannte schöne Helena, Tochter von Zeus und Leda. Ihre Schönheit war so überwältigend, dass jeder Mann sie besitzen wollte, sie aber wählte Menelaos. Allerdings war sie ihm nicht treu. Gerne ließ sie sich von Paris, dem Sohn von König Priamos, entführen und löste damit den Trojanischen Krieg aus. Die dramatischen Geschehnisse um die schöne Helena werden schon in der »Ilias« des griechischen Dichters Homer geschildert. Durchaus möglich, dass man ein süßes Dessert nach einer Halbgöttin benennt, wenn auch ihr Charakter nicht ganz makellos war.

In Fachkreisen gilt Homers legendäre schöne Helena als Favoritin für die Namensgeberin der Nachspeise, wenn auch nur indirekt. Die Operette »La belle Hélène« von Jacques Offenbach wurde am 17. Dezember 1864 im Pariser Théâtre des Variétés uraufgeführt und vom Publikum begeistert aufgenommen. Die Birne mit der Schokoladensauce soll speziell für diese Premiere kreiert worden sein, und zwar von dem berühmten Küchenchef Auguste Escoffier. Gerüchten zufolge soll ein Koch aus dem Team von Escoffier für Hortense Schneider, die Darstellerin der schönen Helena in Offenbachs Stück, geschwärmt und ihr die Kreation gewidmet haben. Heute sind sowohl der Koch als auch die Schauspielerin vergessen, und man wird nie sicher sagen können, welche der drei Frauen nun tatsächlich verewigt wurde. Es ist sehr zweifelhaft, ob das Originalrezept von Escoffier selbst stammt, denn seine Kar-

Rezept Poire Belle Hélène

FÜR SECHS PORTIONEN:

6 Birnen	*500 g Vanilleeis*
50 g Butter	*Vanille*
50 g gehackte Mandeln	*1 TL Zitronensaft*
125 g Kristallzucker	*6 Marzipanblätter*
125 g Schokolade	

Die Birnen schälen und aushöhlen, in dem Vanille- und Zitronensirup (Zucker + 1 Glas Wasser + Zitronensaft + 1 Vanillestange) pochieren und in dem Sirup abkühlen lassen. Für die Schokosauce die Schokolade mit 4 EL Wasser und 2 EL Zucker schmelzen lassen, zum Kochen bringen und vom Herd nehmen. Die Butter mit den gehackten Mandeln und 30 g Zucker mischen und die Birnen damit füllen. Auf einem Bett aus Vanilleeis anrichten, Schokosauce darübergießen, jede Birne mit einem Marzipanblatt dekorieren.

riere als Küchenchef begann erst in den 70er Jahren des 19. Jahrhunderts. Fest steht allerdings, das Dessert ist eine Hommage an eine entweder mythologische oder musikalische, auf alle Fälle aber bildschöne Helene, denn der offizielle französische Name lautet »Poire Belle Hélène«.

Bratkartoffelverhältnis

Im Rahmen der Industrialisierung im 19. Jahrhundert erhofften sich viele Landarbeiter, in der Stadt endlich ihr eigener Herr werden zu können. Doch die Löhne in den Fabriken waren gering, und die Freizeit verbrachte man entweder in Wohnbaracken oder in winzigen Zimmern zur Untermiete. Die Gelegenheit, sich etwas Warmes zum Essen zuzubereiten, hatte kaum jemand, und so blieb es oft ein Traum, sich wenigstens an billigen Kartoffeln satt essen zu können.

Tatsächlich galten im 19. Jahrhundert für viele Industriearbeiter Bratkartoffeln als höchste Delikatesse, die zudem noch halbwegs erschwinglich war. Für einen Teller aus der nach Zwiebeln und Speck duftenden Pfanne war mancher Mann bereit, so ziemlich alles herzugeben, und das sprichwörtliche Bratkartoffelverhältnis war eine Verbindung aus Heimweh nach dem Landleben, der Sehnsucht nach einer warmen Mahlzeit »wie bei Muttern« und weiblicher Nähe. So kam ein Verhältnis zustande, das meist eher Zweckgemeinschaft als Liebesbeziehung war. Die Männer unterstützten die alleinstehenden Frauen finanziell und erhielten dafür neben Bratkartoffeln häufig auch andere Arten der Zuwendung. Heirat war bei einem Bratkartoffelverhältnis ausgeschlossen, denn die meisten Arbeiter hatten ihre Familien zu Hause auf dem Land.

Als nach dem Ersten Weltkrieg viele Soldaten nicht zurückkehrten, war die kleine Rente oft der einzige Witwentrost. Wenn doch im Lauf der Zeit eine neue Liebe aufkeimte, hieß die Entscheidung Rente oder Heirat. Die Rente war – im Gegensatz zur Ehe – sicher, das wussten die Frauen, andererseits führte zu Beginn des 20. Jahrhunderts ein Leben ohne Trauschein ins gesellschaftliche Abseits. Es waren also wieder die köstlichen Bratkartoffeln, mit denen das unsittliche Verhältnis erklärt wurde.

Eine gängige Karikatur der ersten Jahre nach dem Zweiten Weltkrieg war die Hausfrau mit Kittelschürze und geknotetem Kopftuch und ihr Bratkartoffelverhältnis. Nach 1945 gab es wieder Heerscharen von Frauen, die auf ihre vermissten Männer warteten und sich die Wartezeit mit der bewährten, an keine Pflichten gebundenen Zweckgemeinschaft versüßten.

Heute sind die wilde Ehe sowie alle Arten von ernsthaften oder sporadischen Liebschaften oder Partnerschaften legal und gesellschaftlich unbedenklich, und das wachsende Heer der Singles benutzt den Begriff des Bratkartoffelverhältnisses höchstens einmal im Scherz.

Brezel

Sahired-din Mohammed Babur, Großmogul von Fergana, ein Nachkomme des Dschingis Khan, war auf seinen Eroberungszügen zu Beginn des 16. Jahrhunderts bis vor die Tore Wiens gekommen. Tagelang versuchten die Belagerer, die Stadt einzunehmen, doch es war unmöglich, die hohen Mauern zu überwinden, also entschloss man sich, einen Tunnel zu graben. Um dabei nicht entdeckt zu werden, verrichteten die Stollengräber ihre Arbeit bei Nacht.

Die mongolisch-türkischen Generäle wussten allerdings nicht, dass die Wiener Bäcker bereits um Mitternacht in der Backstube schufteten, um ihre Ware morgens frisch ausliefern zu können. Es war zur Fastenzeit, und die Bäcker waren gerade dabei, ein für diesen Zeitraum typisches Gebäck vorzubereiten. Dafür musste ein sehr fester Wasserteig geknetet werden, der mit Salzzusatz geformt und vor dem Backen in Salzwasser gesotten wurde. Das Fastengebäck mit der prägnanten geschlungenen Form durfte frühestens an Sebastiani, dem 20. Januar, gebacken werden.

Als man eines Nachts in einer Backstube verdächtiges Schaben hörte, alarmierte man umgehend die in der Stadt stationierten Soldaten, und der feindliche Überfall konnte abgewehrt werden. Die Wachsamkeit der Wiener Bäcker wurde mit einem ganz besonderen Wappenschild belohnt, denn seither zeigt das Zunftzeichen aller Bäcker: die Brezel. Das Rezept für das Gebäck war bereits im 13. Jahrhundert von Italien nach Deutschland gelangt. Während der Fastenzeit war es üblich, Speisen an Kinder und Arme zu verteilen, und ein italienischer Mönch hatte die ihm anvertrauten

Kinder mit Brezeln belohnt, wenn sie ihren Katechismus gut auswendig gelernt hatten. Als Vorlage für die außergewöhnliche Form seiner Backware hatten die zum Gebet verschränkten kleinen Arme der Kinder gedient, weswegen die kleinen essbaren Geschenke des Mönchs auf Italienisch *bracciatelli*, Ärmchen, genannt wurden. Im Lauf der Zeit veränderte sich der Name des ehemaligen Fastengebäcks, und aus *bracciatelli* wurde Brezitella oder Brezin, und heute kennt jeder das eigentümlich geformte Gebäck unter dem Namen Brezel.

C

Campari

Ein *Maître licoriste* war im 19. Jahrhundert so etwas wie der bekannte Münchner Barkeeper Charles Schumann heute, also ein Cocktailmixer, der die Eigenschaften unzähliger Pflanzen und Gewürze kennen musste, um daraus aromatische Getränke zu mischen. Es war eine besondere Kunst, die Aromen durch Mazeration, Infusion oder Perkolation zu verarbeiten, d. h., um die nichtflüchtigen Inhaltsstoffe zu erhalten, werden Kräuter, Gewürze und Wurzeln wahlweise in Alkohol eingelegt, mit einer heißen Flüssigkeit aufgegossen oder ausgeschwemmt. Gaspare hatte im Alter von 14 Jahren in der berühmten Bar »Bass« in Turin seine Ausbildung begonnen, und als fertiger Maître licoriste übernahm er das recht anspruchslose Café »Duomo« gegenüber Mailands historischem Dom.

Als die Stadt Mailand den Bau einer prachtvollen Einkaufspassage, der sogenannten »Galleria«, in der Nähe des Doms plante, stand das Café »Duomo« dem geplanten Bauvorhaben im Wege. Eine Abfindung lehnte Gaspare ab, stattdessen setzte er seine Bedingung durch, genau neben dem Haupteingang der neuen Passage eigene Räume zu bekommen. Die Stadtväter stimmten zu, und im Jahr 1867 eröffnete er seine neue, typisch italienische Bar mit direktem Blick auf die gewaltige Kirche. Hier servierte Gaspare wie alle guten Barbesitzer ein selbst kreiertes Hausgetränk. Nach strenger produkttechnischer Definition war sein *all uso d'Hollanda*, wie die damals in Mode gekommenen Aperitifs in Italien bezeichnet wurden, nichts anderes als ein aromatischer Kräuterlikör, welchen er aus verschiedenen Kräuter,- Frucht- und Wurzelextrakten sowie Weingeist, kristallklarem Zucker und destilliertem Wasser zu einem harmonisch schmeckenden Getränk mischte.

Es war allerdings nicht die strengstens geheim gehaltene Mischung der Zutaten, die Gaspares Spezialität zu ihrem sensationellen Erfolg verhalfen, es war vor allem eine winzige Laus mit dem Namen Cochenille, mit der Gaspare seiner Kreation eine unverwechselbare Note verlieh. Lange Zeit hielt sich das Gerücht, es sei das Blut dieser Läuse, das dem Getränk seine typisch rote Farbe gab. In Wirklichkeit entstand die Färbung durch die Beigabe von deren getrockneten und gemahlenen Panzern, aus denen der Farbstoff »echtes Karminrot« gewonnen wird. Inzwischen ist das rote Getränk des Mailänder Barbesitzers und *Maître licoriste* Gaspare unter seinem Familiennamen Campari weltweit berühmt. Seit dem Jahr 2006 wird der natürliche Farbstoff aus der Cochenille-Schildlaus durch künstliche Farbstoffe ersetzt, sicherlich zur Freude der Tierschützer und des World Wildlifc Fund.

Carpaccio

Man könnte annehmen, heutige Kochkünstler und Restaurantbesitzer müssten neben dem Studium moderner Gastronomie auch Kreativkurse für hochgestochene Sprache absolvieren. Die Namen der Speisen sollen die Kunden offenbar durch bestimmte appetitanregende Vokale und magensaftfördernde Zischlaute bei der Menüauswahl unterstützen. Von fantasievoll in »Gänsefüßchen« gesetzten »urzeitlichen Cerealien« und »maritimen Essentials« an geliertem »Jus von Exotikfrüchten« ist da die Rede. Simple Speisekarten werden so zu immerhin linguistischen Delikatessen aufgepeppt. Doch kochkünstlerische Exzentrik gab es auch schon früher. Bestimmte Gerichte sollten durch zugkräftige Künstlernamen zu umsatzträchtigen Hits gemacht werden, wie beispielsweise Tournedos Rossini, die angeblich der berühmte Komponist bevorzugte, oder die der Sängerin Nellie Melba gewidmete Nachspeise Pêche Melba.

Es war nicht zuletzt der Name des italienischen Renaissancemalers Giovanni Bellini, unter dem ein Cocktail berühmt geworden ist. Ein trinkfreudiger Stammgast von »Harry's Bar« in Venedig, der amerikanische Schriftsteller Hemingway, hatte dem Besitzer Giuseppe Cipriani vorgeschlagen, seine neue rosafarbene Cocktail-Kreation nach einem der »vielen Pinselfürsten Venedigs« zu nennen. Schließlich einigte man sich auf den Namen eines Malers der Hochrenaissance, Giovanni Bellini, und nannte das Getränk »Bellini«.

Auch in den 1950er Jahren hatte Cipriani einen Namen aus der Welt der Künste für eine seiner Speisen ausgesucht, wobei ihm bei seiner Wahl ein Zufall zu Hilfe kam. Im Dogenpalast fand gerade eine große

Ausstellung statt, als die Gräfin Amalia Nani Mocenigo im Herbst 1950 »Harry's Bar« betrat, ein kleines, feines Restaurant hinter dem Markusplatz in Venedig. Den Tränen nahe erklärte die Gräfin dem Küchenchef Giuseppe Cipriani, dass sie auf die von ihr so geliebten gesottenen und gebratenen Köstlichkeiten des Hauses verzichten musste, denn man hatte ihr eine strenge Diät verordnet, bei der gekochte Speisen absolut verboten waren. Doch das Verlangen der völlig verzweifelten Gräfin Amalia nach etwas Leichtem, aber doch Nahrhaftem war für den an ausgefallene Wünsche seiner Gäste gewöhnten Wirt keine besondere Herausforderung.

Schon bald präsentierte Cipriani einen Teller, auf dem fächerförmig in hauchdünne Scheiben geschnittenes, rohes Rinderfilet angeordnet war, garniert mit einer weißen Sauce aus Mayonnaise und Gewürzen. Die Idee und den Namen für das Gericht, das der Wirt als Carpaccio präsentierte, hatte er nur wenige Minuten zuvor bei einem Blick aus dem Küchenfenster kreiert. Die ganze Stadt war nämlich mit weißen und roten Fahnen geschmückt, da im Dogenpalast gerade die Gemälde des venezianischen Renaissancekünstlers Vittore Carpaccio ausgestellt wurden, und dessen Lieblingsfarben waren Rot und Weiß.

Ob der Gräfin Amalia Mocenigo die rohe Rindfleischvariante geschmeckt hat, ist nicht bekannt, doch bis heute gilt Ciprianis spontane Kreation weltweit als Delikatesse, und es gibt sie in unzähligen Variationen. Das echte Carpaccio jedoch kennt immer nur zwei Farben: Rot und Weiß.

Rezept Rindfleisch-Carpaccio

FÜR VIER PERSONEN:

400 g gut gekühltes, in hauchdünne Scheiben geschnittenes Rindfleisch mit Salz und Pfeffer würzen. Mit »Standardsauce« servieren: kalte Sauce aus 185 ml Mayonnaise, 1–2 TL Zitronensaft, Worcestershiresauce, Pfeffer, Salz und ein kleiner Schuss Milch.

Chateaubriand

Viele kulinarische Meisterleistungen stammen aus Frankreich, so auch ein saftiges Stück Fleisch, das den Namen eines Mannes trägt, der selbst nie viel von den Freuden der Tafel gehalten hat. François-René Vicomte de Chateaubriand war ein führender Kopf der Restauration der Bourbonen und einer, der die ethischen, moralischen und ästhetischen Aspekte der katholischen Religion verklärte. Der im Jahr 1848 verstorbene Vicomte gilt als einer der Begründer der französischen Romantik, und schon zu Lebzeiten war er besonders bei den Damen für seine in Rührseligkeit schwelgenden Geschichten über unerfüllte Leidenschaften berühmt. Angeblich genoss er den Erfolg, zeigen wollte der stets missmutige und schlecht gelaunte Denker seine Freude aber nicht. Der Schriftsteller Edmond Lepelletier schrieb, dass es eine Ironie sei, einen »Archimedes der Philosophie«, der »sich selbst nur von Milchspeisen, Weihrauch und Reminiszenzen nährte«, zum Taufpaten eines Beefsteaks zu machen.

Der Namenspate stand allerdings nicht selbst am Herd, sondern hatte während seines Aufenthalts in London im Jahr 1822 angeblich seinen Chefkoch Montmireil beauftragt, das englische Steak mit einer eigenen Kreation zu übertreffen, um Frankreichs kulinarische Überlegenheit zu beweisen. In einer anderen Version wird von einer Feier im berühmten Pariser Restaurant »Champeaux« anlässlich des Erfolgs von Chateaubriands Buch »Le Génie du Christianisme« berichtet. Der Küchenchef soll von dem Werk so beeindruckt gewesen sein, dass er in Anlehnung an die Kreuzigung von Jesus Christus zwischen zwei Mördern ein circa vierhundert Gramm schweres, hochwertiges Lendenstück nahm und es zwischen zwei Steaks von geringerer Qualität briet. Die äußeren Fleischstücke wurden nicht mit serviert, sie sollten ausschließlich dazu dienen, das Filet in der Mitte mit ihrem Saft zu tränken, um es dadurch zarter zu machen.

Welche Version nun stimmt, bleibt ein Rätsel, der Vicomte selbst hat »sein« Gericht jedenfalls nie erwähnt, und viele bezweifeln sogar, dass er das »Steak à la Chateaubriand« jemals gegessen oder auch nur gekannt hat.

Rezept Chateaubriand

FÜR ZWEI PERSONEN:

460 g Rinderfilet   *50 g Butter*
3 EL Öl   *Salz, Pfeffer*

Das Öl stark erhitzen, Fleisch von beiden Seiten
scharf darin anbraten. Auf beiden Seiten salzen
und pfeffern, Hitze reduzieren, Butter hinzufügen.
Unter Wenden und Begießen fertig braten.

D

Da brat mir einer einen Storch

Besondere Kennzeichen: lange Beine, schreitender Gang. Gemessenen Schrittes stolzieren die insgesamt 19 Storcharten auf fast allen Erdteilen umher, doch ihre eigentliche Heimat sind die Tropen und Subtropen. Der in Europa lebende Weißstorch hat sich vor allem als Klapperstorch einen Namen gemacht, er ist es, der die Kinder bringt – jedenfalls wird das mancherorts bis heute den Kindern erzählt. Für seinen eigenen Nachwuchs allerdings sieht es schlecht aus. Die Trockenlegung von Feuchtgebieten hat seine Nahrungsquellen versiegen lassen, Stromleitungen werden häufig zur Todesfalle für den großen Vogel, dazu macht ihm Überdüngung das Überleben schwer. Aber auch auf der Reise in den Süden und zurück lauern viele Gefahren. Vor allem während der Dürreperioden schießen sich manche Bewohner der südlichen Hemisphäre auch mal einen Storch als Mittagsbraten für die ganze Familie vom Himmel.

Doch hält man sich an die biblischen Speisevorschriften, so darf der Storch genauso wenig wie die Fledermaus oder der Reiher gegessen werden. Nach der germanischen Mythologie ist der Storch ein Glücksbote, und schon damals glaubte man, dass er Neugeborene aus der Quelle des Lebens holt und sie den Eltern übergibt. Der Storch ist demnach auch ein Symbol der Fruchtbarkeit. Nistet er auf einem Dach, so werden die Bewohner Glück erfahren, vertreibt man den Vogel mit den langen Beinen hingegen, dann ist einem Unheil gewiss. Auch im Mittelalter genoss der Storch abergläubische Verehrung. Obwohl von Pfau bis Lerche alles in der Pfanne landete, galt sein Fleisch als ungenießbar, und wenn der Storch in der Literatur der Renaissance gelegentlich als Leckerbissen genannt wird, dann in der Regel nur scherzhaft.

Seit Urzeiten bemühen sich die Menschen, Störche zu schützen, und bis heute gilt es als undenkbar, einen Storch zu braten. Die vorwiegend im Norden Deutschlands verbreitete Redewendung »Da brat mir einer einen Storch« benutzt man immer dann, wenn etwas außerordentlich seltsam und überaus verwunderlich ist.

Da ist Hopfen und Malz verloren

Wann genau der Mensch den ersten Schluck eines alkoholhaltigen Getränks aus Getreide zu sich genommen hat, ist nicht bekannt. Der erste Nachweis findet sich auf einer fünftausend Jahre alten ägyptischen Grabinschrift, und vom römischen Geschichtsschreiber Tacitus wissen wir, dass auch Germanen und Kelten ein Gerstengebräu tranken. Es diente als Opfergetränk, um im heiligen Rausch den Göttern möglichst nahe zu sein.

Mehr oder weniger berauscht wollten auch die christlichen Mönche in der Nähe ihres Gottes sein, weswegen sie sich der Braukunst annahmen. Aus einer Chronik des Klosters St. Gallen aus dem 9. Jahrhundert wissen wir, dass auf dem Kirchenkonzil von Aachen im Jahr 817 Bier offiziell zum christlichen Getränk erklärt wurde und davon täglich fünf Liter pro Mönch ausgeschenkt werden sollten. Das Bier wurde traditionell nicht mit Hopfen, sondern mit sogenannter Grut gewürzt, dabei handelte es sich um ein Kräutergemisch aus Malz, Harz, Lorbeer, Wacholder und bestimmten Anteilen von Gagel und Porst, zwei in Moor- und Heidegebieten vorkommenden Gewächsen, die statt des Hopfens als Fermentationsmittel dienten. Dieses etwas süßliche Kräuterbier war nicht lange haltbar und musste rasch getrunken werden.

Ab dem 13. Jahrhundert änderte sich im Nordwesten Deutschlands das Konsumverhalten allmählich, und die auf Kräuterbasis hergestellten lokalen Grutbiere wurden durch die haltbareren Hopfenbiere verdrängt. Das erboste besonders die Kirchenfürsten, da sie bisher kräftig am Monopol der Kräutermischung Grut verdient hatten. Zwar war Hopfen als Bierwürze bereits seit dem Frühmittelalter bekannt, doch erst im 15. Jahrhundert begannen die norddeutschen Brauer ihr Bier ausschließlich mit Hopfen zu brauen. Das Hopfenbier hatte entscheidende Vorteile gegenüber dem Grutbier, es war leichter bekömmlich, lager- und transportfähig und vor allem auch billiger. Schließlich setzte sich, trotz des erbitterten Widerstands des Erzbischofs von Köln, der in seinen Gewächshäusern Grut nach einem geheimen Rezept hergestellt hatte, die Hopfenbrauerei im 15. Jahrhundert endgültig durch. Köln wurde ein Zentrum der Bierproduktion, und schon bald galt das Kölsch als das beste unter den rheinischen Bieren.

Mangels Heidegebieten wurde im Süden Deutschlands seit jeher in den Klöstern mit Hopfen gebraut. Die Ordensbrüder legten Hopfengärten an und verfeinerten ständig den Geschmack des Biers; gewünscht war ein besonders nahrhaftes und starkes Bier, um die karge Fastenzeit zu erleichtern, denn die Regel lautete: »Was flüssig ist, bricht kein Fasten.« Der Legende nach wurde eine Probe des frisch gebrauten Fastenbiers nach Rom geschickt, um dort prüfen zu lassen, ob dieses Getränk auch wirklich fastentauglich war. Das Bier hatte sich allerdings während der langen Reise in eine saure Brühe verwandelt, und so sah der Pontifex Maximus den Genuss dieses Gebräus eher als Buße denn als Gefahr für das Seelenheil. Durch die päpstliche Freigabe blühte das Geschäft mit dem Klosterbier und führte so viele Klöster zu Wohlstand und Ruhm.

Aber natürlich gab es in der lukrativen Brauwirtschaft auch einige schwarze Schafe, und so mancher Brauer wurde als Bierpanscher entlarvt. Um das bayerische Nationalgetränk zu schützen, verfügten die bayerischen Herzöge Wilhelm IV. und Ludwig X. am 23. April 1516, dass zur Herstellung von Bier einzig und allein Gerstenmalz, Hopfen und Wasser zu verwenden sei – das bis heute in Bayern geltende Reinheitsgebot.

Auf Hopfen und Malz konnte der Bierbrauer also nicht verzichten, um ein ordnungsgemäßes Bier zu brauen. Schlug der Brauvorgang fehl, dann waren diese Zutaten verloren. Der Verlust dieser Ingredienzen machte jegliche weitere Anstrengung vergeblich, und dementsprechend gilt für aussichtslose Situationen die Redewendung: »Hier ist Hopfen und Malz verloren.«

Damit ist es Essig

Bei der Essigsäuregärung handelt es sich um einen biologischen Prozess, der von bestimmten Bakterien ausgelöst wird. Bereits Ende des 14. Jahrhunderts hatte man in der Gegend von Orléans in Frankreich begonnen, Fässer mit Wein zu füllen und in warmen Räumen so zu lagern, dass sich auf der Flüssigkeitsoberfläche eine Bakterienhaut bilden konnte, die den Alkohol in Essig umwandelte. Nach einigen Wochen konnte der Essig vorsichtig unterhalb der Bakterienhaut abgelassen werden. Allerdings wusste man nicht, wie oder wodurch der Prozess in Gang gesetzt wurde, erst 400 Jahre später fand der bekannte französische Chemiker Antoine Laurent de Lavoisier heraus, dass Luft bzw. Sauerstoff eine Grundvoraussetzung für die Entstehung von Essig ist. Doch den Beweis dafür, warum Wein, der mit der Luft in Berührung kommt, sich zu Essig umwandelt, lieferte erst Louis Pasteur im 19. Jahrhundert. Es waren kleine, mit dem bloßen Auge nicht erkennbare Lebewesen, die diesen Umwandlungsprozess vollzogen, und in den 1868 veröffentlichten »Études sur le vinaigre« ist nachzulesen, dass die Essigsäuregärung ein biologischer Prozess ist, der von bestimmten Bakterien, Acetobacter genannt, in Gang gesetzt wird.

Bis ins 18. Jahrhundert galt Essig als probates Mittel, um die Ausbreitung der Pest einzudämmen, und die gierige Obrigkeit hatte schnell die eigenen Chancen bei diesem Produkt erkannt und damit begonnen, Essig mit Steuern zu belegen. Kein Wunder, dass die Bürger ausgesprochen sauer reagierten, noch bevor sie ihren Essig überhaupt gekostet hatten.

Auch im allgemeinen Sprachgebrauch taucht die saure Flüssigkeit eher abwertend auf, denn geht eine Sache gründlich daneben, dann ist es mit ihr eben »Essig«, worauf die Verantwortlichen manchmal mit einer »essigsauren Miene« reagieren. Die Redewendung »Damit ist es Essig« erinnert an den nicht immer mit Absicht zu Essig versäuerten Wein und drückt aus, dass man Wein erhofft, jedoch Essig bekommen hat.

Das ist doch kalter Kaffee

Einer Legende zufolge geht die Entdeckung des Kaffees auf den Erzengel Gabriel zurück, der Mohammed mit einer Schale heißen Kaffees von einer Schlafkrankheit heilte. Der Prophet erwachte und fühlte sich so gestärkt, dass er noch in derselben Nacht vierzig bewaffnete Krieger besiegte und vierzig Frauen beglückte. Kaffee regt eben an.

Tatsache ist, dass die Heimat des Kaffeestrauchs in der äthiopischen Provinz Kaffa liegt. Der Mönch Antonius Faustus Naironus berichtet in einer Chronik aus dem Jahr 1681 über den Ursprung des Kaffees, von einem Hirten namens Kaldi aus der Gegend von Kaffa, der durch seine Ziegenherde die anregende Wirkung der Kaffeekirschen entdeckt habe. Nachdem die Ziegen von einem Strauch mit roten Früchten und weißen Blüten gekostet hatten, schliefen sie nachts nicht mehr und liefen wie berauscht umher. Der Ziegenhirt brachte die Beeren in ein nahe gelegenes Kloster, aber die Mönche verteufelten die Früchte und warfen sie ins Feuer. Doch in den Flammen entwickelten die Kaffeebeeren einen so betörenden und anregenden Duft, dass die Mönche ihren Bann aufhoben und sie als Gottesgeschenk einstuften, das ihnen gesandt worden war, um die nächtlichen Vigilien durchzuhalten.

Zunächst diente Kaffee äthiopischen Nomaden als Nahrung, indem sie das Fleisch der grünen Kaffeekirsche mit Tierfett vermischten und daraus kleine Bällchen formten, die sie bequem auf ihren langen Wanderungen verzehren konnten. Mit der Kultivierung des Kaffeestrauchs etwa ab dem 14. Jahrhundert entwickelte sich der Kaffee zum allgemeinen Volksgetränk in der islamischen Welt, Handelszentrum war die Hafenstadt Mocha, auch Mokka genannt, das heutige al-Mukha im Jemen.

In Europa wird der später als Türkentrank bezeichnete Kaffee erstmals in dem 1582 erschienenen Reisebericht des Augsburger Arztes Leonhard Rauwolf erwähnt. *Chaube* benennt Rauwolf das Getränk, das so schwarz wie Tinte sei, das bei den Arabern *gahwah* hieß, die Türken aber *kahveh* nannten, woraus sich bei uns das Wort Kaffee gebildet hat.

Vermutlich brachten venezianische Händler um 1615 die ersten Säcke mit Kaffeebohnen nach Europa, wobei die Bohnen nur in Apotheken gekauft werden konnten, denn der Kaffee galt zunächst als Arzneimittel. Doch schon ein paar Jahre später wurde Kaffeetrinken schick, es galt als exotisch und luxuriös. Nachdem am Hof des französischen Sonnenkönigs mit seiner raffinierten Etikette bei Empfängen Kaffee ausgeschenkt wurde, entwickelten sich auch bei den Provinzfürsten Kaffeezimmer und teures Porzellan zu unverzichtbaren Statussymbolen.

Um die steigende Nachfrage nach den begehrten Bohnen zu befriedigen und unabhängig von den arabischen

Händlern zu sein, brauchten die Europäer eigene Kaffeepflanzungen. Doch die Araber waren sehr bemüht, ihr Kaffeemonopol zu wahren, und verkauften lediglich gerösteten oder gemahlenen Kaffee. Im frühen 17. Jahrhundert gelang es dem indischen Pilger Babu Budan jedoch, in seinem Gürtel sieben fruchtbare Samen nach Indien zu schmuggeln, aus denen sich tatsächlich kräftige Pflanzen entwickelten.

Auch die Holländer verschafften sich einige Ableger – Grundlage für die erfolgreichen Kaffeekulturen in Java und Sumatra –, und die Französischen Antillen verdanken ihre Kaffeepflanzungen einem Geschenk des Amsterdamer Bürgermeisters an Ludwig XIV.

Deutschland hatte damals keine Kolonien, somit auch keinen eigenen Kaffee, und weil der Import des Kaffees teuer war, suchte man Ersatz und entdeckte den heimischen Zichorienkaffee. Die Wilde Zichorie oder Gemeine Wegwarte, die – ihrem Namen entsprechend – mit Vorliebe an Wegrändern wächst, schien eine echte Alternative, denn geröstet und aufgebrüht schmeckte ihre Wurzel nach offizieller Verlautbarung angeblich wie echter Kaffee. Weil das in Wirklichkeit jedoch absolut nicht der Fall war, nannte man den Ersatzkaffee spöttisch Muckefuck, eine volkstümliche Eindeutschung des französischen Ausdrucks *Mocca faux* für falschen Kaffee.

Echter Kaffee sollte süß sein wie die Liebe, schwarz wie die Nacht und heiß wie die Hölle. Kalter Kaffee widersprach völlig dieser Erfahrung, dennoch bevorzugte die vornehme Gesellschaft im 17. Jahrhundert die kalte Variante. Das damalige Schönheitsideal waren riesige gepuderte Perücken und auffällige auf Wachsbasis hergestellte Schminke, die sich leider im Dampf des heißen Kaffees sehr schnell aufzulösen drohte. »Kalter Kaffee macht schön« ist eine gängige Redewendung, doch eigentlich müsste es heißen, wer kalten Kaffee trinkt, bleibt schön. Die Rokokodamen bevorzugten das erkaltete Getränk nur, um ihre künstliche Schönheit zu erhalten, denn kalter Kaffee hat das typische Aroma eigentlich verloren. Heute ist Make-up dampf- und wasserfest, doch »kalter Kaffee« wird immer noch serviert, und zwar als Nachrichten, die schon längst bekannt sind. Die Redewendung »Das ist doch kalter Kaffee« bezeichnet also eine überflüssige Auseinandersetzung über Angelegenheiten, die schon längst ausdiskutiert sind und die deswegen so wie abgestandener Kaffee ihr Aroma verloren haben.

Das ist nicht das Gelbe vom Ei

Farben als Symbolträger haben eine lange Tradition. Schon im Altertum dienten sie dazu, Hierarchien, Stände und soziales Ansehen äußerlich sichtbar zu machen. Die wichtigsten Farben der griechisch-römischen Antike waren Rot und Weiß. Rot stand für Kraft und Stärke, Weiß für Reinheit und Erhabenheit. Der noble Römer trug eine Toga in Weiß mit einem purpurnen Streifen, während der Römerin eine Farbpalette von Rot bis Grün zur Verfügung stand. Gelb kennzeichnete die käuflichen Damen. Im islamischen Ägypten mussten die Christen eine blaue, die Samariter eine rote und die Juden eine gelbe Kopfbedeckung tragen. Die Kreuzzügler importierten die antiken und islamischen Trennfarben in die christlichen Länder, und bis zur Französischen Revolution war die Farbe der Kleidung in Europa keineswegs eine Frage des Geschmacks, sondern eine Frage des Standes, der Macht und des Geldes.

Anders als im Westen war in China die Farbe Gelb die Farbe der chinesischen Kaiser, und in der offiziellen chinesischen Sprache Putonghua – im Westen Mandarin genannt – wird das chinesische Schriftzeichen für Kaiser genauso ausgesprochen wie das Schriftzeichen für die Farbe Gelb, nämlich *huang*. Allgemein steht die Bedeutung von Gelb auch für Gold, also für etwas Wertvolles und Vollkommenes, genauso wie beim Ei, was wir mit der Redewendung, das ist das Gelbe vom Ei, ausdrücken.

Das Gelbe vom Ei wird weitgehend durch das Futter bestimmt, und die Dotterfarbe deckt auf, was das Huhn so verspeist hat. Schalentiere beispielsweise bewirken eine goldgelbe Dotterfarbe, Mais und Grünfutter führen eher zu einem hellgelben Dotter, während Paprika einen rötlicheren Ton ergibt.

Die Vorliebe für goldgelbe Eidotter hat eine lange Tradition. Blasse Dotter galten als Zeichen für kranke Hühner oder schlechtes Futter, leuchtend goldgelbe Eidotter hingegen zeigten, dass die Hühner gut mit lebensnotwendigen Carotinoiden versorgt waren, die nicht nur das »Gelbe ins Ei« bringen, sondern auch verhindern, dass Vitamine in den Eiern oxidieren und somit zerstört werden. Nach geografischem Gesichtspunkt sollte im hohen Norden das Gelbe vom Ei eher zartgelb sein, während im Mittelmeerraum nur ein leuchtendes Orangerot eine Chance hat, auf den Teller zu kommen. Ganz allgemein gilt für das Gelbe vom Ei, dass es das Beste, das absolut Vollkommene sei, doch leider müssen wir uns im Leben weitaus öfter mit etwas

Geringerem zufriedengeben, weshalb die Wendung »Das ist nicht das Gelbe vom Ei« auch häufiger Verwendung findet als ihr positives Gegenstück.

Das macht den Kohl auch nicht fett

Auch bei winterlichen Minusgraden hält die Natur frisches Gemüse bereit, insbesondere der Kohl ist ein wahres Nährstoffpaket. Sein Geschmack wird durch frostige Temperaturen sogar noch milder, obendrein wird er zarter und bekömmlicher.

Kohl an sich ist ein schlankes Gemüse, und eine Kohlsuppendiät gilt als wirksames Mittel, um rank und schlank zu werden. Doch wer immer nur Eintopf isst, wird nicht besonders glücklich sein, und nach der Diätphase droht zusätzlich der gefürchtete Jo-Jo-Effekt. Dennoch, die Kaloriengehalte aller Kohlarten, die wir hierzulande gern verzehren, liegen ausnahmslos unter 40 kcal pro 100 Gramm. Kohl kann somit als Star der Diätküche gelten, doch in der traditionellen Küche kommen Kohlgerichte ohne reichhaltige Begleiter, wie Kohlwurst, Schweinshaxe, Kasseler und andere üppige Fleischwaren, nie auf den Tisch. Zweifelsohne ist ein solches Mahl ein üppiges Vergnügen, denn Fett ist ein Geschmacksträger und schmeichelt dem Gaumen, darüber hinaus war in früheren Zeiten die Zugabe von reichlich Schmalz extrem wichtig, um für die schwere körperliche Arbeit fit zu sein.

Alles, was Fett enthält, galt als nahrhaft, und derjenige, der wohlgenährt war, galt als attraktiv und erfolgreich. Fett wurde hauptsächlich in der Bedeutung von ertragreich verwendet, wie auch die Wendung die »fetten Jahre«. Sie geht auf den Traum des ägyptischen Pharaos von sieben fetten und sieben mageren Kühen zurück, wobei die fetten Kühe für Jahre des materiellen Wohlstands standen.

Ähnlich wie die fetten Jahre, die vorbei sind, bezieht sich »fett« in der seit dem 17. Jahrhundert in der Umgangssprache bekannten Redewendung »Das macht den Kohl auch nicht fett« auf etwas Abwesendes, das dadurch zu einem ersehnten Charakteristikum wird und mit Reichtum assoziiert wird. In diesem Sinne bedeutet »Das macht den Kohl nicht fett«, etwas ist zu gering, zu wenig, um damit eine im Geheimen erhoffte Verbesserung zu erreichen.

Wer also das gewisse Etwas nicht findet, um den Kohl fett zu machen, kann daraufhin leicht »sein Fett wegkriegen«. Dieser ironisch gemeinte Spruch bedeutet im Volksmund so viel, wie sich einen Tadel oder eine Rüge zuziehen, schlimmstenfalls auch eine Tracht Prügel. Interessant ist, dass diese Redewendung ursprünglich eine positive Bedeutung hatte, denn sein Fett abzubekommen, war eine gute Sache. Die Herkunft geht auf gemeinschaftliches Schweineschlachten zurück, bei dem jeder Teilnehmer ein Anrecht auf eine bestimmte Menge vom Fett hatte. Als später das Fleisch begehrter wurde als Fett, bekam die Redewendung »sein Fett wegkriegen« allmählich ein negatives Vorzeichen.

Das Salz in der Suppe

Schon früh war die Methode bekannt, Lebensmittel durch Einsalzen vor gefährlichen Keimen zu schützen. Neben der Nahrungsaufnahme benutzten die Ägypter das Salz auch, um ihre Toten zu mumifizieren; sie legten den Leichnam vor dem Einbalsamieren einfach in eine Salzlösung. Weil der Mensch Salz so dringend braucht, es andererseits aber kostbar und nicht zu jeder Zeit verfügbar war, wurde Salz mit etwas Göttlichem in Verbindung gebracht. In der griechischen Mythologie schenkte die Meeresgöttin Neres dem Vater des Achill das kostbare Salz als Hochzeitsgeschenk. Auch im Alten Testament steht Salz für etwas Besonderes: Siebenmal wird der Begriff Salz erwähnt, wobei der Salzbund eine besondere Qualität hat, denn darunter verstand man die für alle Zeiten gültige Bundeszusage Gottes an das Volk Israel. Jesus benutzt das Bild vom Salz der Erde, um seine Jünger und in der Folge auch alle Menschen aufzufordern, das Christentum in die Welt zu tragen. Das Salz, das so unscheinbar in bescheidenen kleinen weißen Körnchen daherkommt, gilt als Sinnbild dafür, dass man auch als winziges Rädchen Großes leisten und viel bewegen kann. Ganz allgemein steht die Redewendung »das Salz in der Suppe« für etwas Essenzielles, etwas, das aus dem Gewöhnlichen etwas Besonderes macht.

Den Löffel abgeben

Während sich in früheren Zeiten das gemeine Volk nur Holzlöffel leisten konnte, war es an den Fürstenhöfen durchaus üblich, auch Silber- oder sogar Goldlöffel zum Essen zu benutzen. Wer also sprichwörtlich mit einem goldenen Löffel im Mund geboren wird, hat wohlhabende Eltern.

Doch egal ob aus Holz, Silber oder Gold, für jeden Menschen kommt die Zeit, den Löffel abzugeben, was bedeutet, dass die Zeit zu sterben gekommen ist. Die Redensart, die auf den ersten Blick etwas pietätlos wirkt, spiegelt die normale Lebenswirklichkeit im Mittelalter wider. Hauptnahrungsmittel der Bevölkerung war damals hauptsächlich Brei, der aus gekochten Pflanzenteilen und Getreide bestand. Das Mus wurde in einer Schüssel in die Mitte des Tisches gestellt, und die Anwesenden bedienten sich, wobei jeder einen eigenen Löffel benutzte. Wer gestorben war, dem nutzte sein Esswerkzeug nichts mehr, und der Tradition entsprechend wurde der Löffel an die nächsten Nachkommen weitervererbt.

Für den sprichwörtlichen Löffel gibt es allerdings auch noch eine andere Erklärung. Es war üblich, dass die Haushälterin eine Art Schöpfkelle besaß, mit der sie die Speisen zubereitete und verteilte. Das Gerät war mit einer Kordel am Gürtel befestigt und galt als Symbol für ihre gesellschaftliche Position. Im Fall ihres Todes war es auch hier Brauch, dass die Kordel gelöst und dieser Löffel an die Nachfolgerin abgegeben wurde.

Der Küchenimperativ:
»Man nehme …«

Im Idealfall erfüllte die Frau des 19. Jahrhunderts eine dreifache Bestimmung, nämlich als liebevolle Gattin, perfekte Hausfrau und umsorgende Mutter. Schon früh wurden Mädchen in den bürgerlichen Familien auf ihre späteren Aufgaben vorbereitet. Das galt auch für Henriette. Sie wurde 1801 geboren und war das zehnte Kind im Pfarrhaus in Wengern an der Ruhr. Von frühester Kindheit an wurde Henriette sorgfältig auf ihren »von der Natur bestimmten weiblichen Beruf« vorbereitet.

Zunächst geht ihre Ausbildung einen vorgegebenen Weg: zuerst Besuch einer privaten Töchterschule mit anschließender Fortbildung an einer höheren Schule und schließlich Ausbildung zur Erzieherin. Ihre erlernten Fähigkeiten setzt Henriette als Angestellte in mehreren Haushalten praktisch um. Als sie nach dem Tod des Vaters in das elterliche Haus zurückkehrt, um ihrer Mutter in der Pfarrei beizustehen, entspricht das durchaus den gesellschaftlichen Gepflogenheiten. Schon bald würde ein netter junger Mann um die Hand Henriettes anhalten, die beiden würden heiraten, Kinder bekommen und ihren eigenen Hausstand gründen. Doch das Leben hatte einen anderen Plan für die Pastorentochter. Zwar wurde um ihre Hand angehalten, sie war sogar zweimal verlobt, doch beide Male starb der Bräutigam kurz vor der Hochzeit. Aus Furcht, dass ihr der Tod auch beim dritten Versuch den zukünftigen Gatten entreißen würde, entschloss sich Henriette, ledig zu bleiben.

Damit ihre fundierte Ausbildung, die sie im Hinblick auf ihre »weibliche Bestimmung« genossen hatte, nicht ganz vergeblich war, übernahm sie 1841 die Leitung einer Mädchenarbeitsschule in Sprockhövel. Außer einer fundierten theoretischen und praktischen Ausbildung gab sie ihren Schülerinnen als bleibendes Erinnerungsstück ein von ihr selbst verfasstes praktisches Handbuch für den häuslichen Alltag mit auf den Lebensweg. Heute kennt jedes Kind die alternativlose Bedeutung der zwei Worte: »Man nehme ...« Es ist der berühmte Küchenimperativ, der den zeitlosen, bis heute aktuellen Ratgeber »Praktisches Kochbuch für die gewöhnliche und feinere Küche« von Henriette Davidis prägt.

Die Crème de la Crème

Größenwahnsinnig soll er gewesen sein, ein Verrückter, von grenzenlosem Machthunger zerfressen, einer, der im Eiltempo alle möglichen Völker unterwarf, einer, der sich auf zahllosen Inschriften als idealer Herrscher preisen ließ, Nebukadnezar II. Er war kein Mann der leisen Töne. In der Bibel wird beschrieben, wie dieser babylonische König Jerusalem eroberte, wie er dabei Wohnhäuser und den Königspalast zerstörte, wie er den Tempel Salomons in Brand steckte und die Bevölkerung deportieren ließ. Es ist anzunehmen, dass bei dieser Gelegenheit auch sämtliche Wertgegenstände außer Landes gebracht wurden, vielleicht auch die mythische Bundeslade, in der angeblich die steinernen Tafeln mit den Zehn Geboten aufbewahrt waren und um deren Verbleib sich bis heute die abenteuerlichsten Legenden ranken.

Der Staat Judäa war nach diesem Krieg wirtschaftlich und kulturell bankrott. Vor allem weil die Sieger nicht nur die Schätze des Landes geraubt, sondern auch die gesamte jüdische Elite ins babylonische Exil verschleppt hatten. Angeblich waren es insgesamt zehntausend der reichsten und berühmtesten Leute, also Mitglieder der sogenannten besseren Kreise. Der Journalist Nathaniel Parker Willis bezog sich in seinem Leitartikel im New Yorker *Evening Mirror* am 11. November 1844 auf diese deportierte alttestamentarische israelische Elite und bezeichnete sie als »die oberen Zehntausend«. Das ist allerdings nicht der einzige Begriff, der die Reichen und Schönen dieser Welt beschreibt. Vor allem die Leser der Yellow Press kennen diese Gesellschaftsgruppe auch als die »High Society«, aber viel eleganter klingt natürlich die »Crème de la Crème«.

Legt man einem bildlichen Vergleich der gesellschaftlichen Schichtung ein Verfahren der Milchverarbeitung zugrunde, ist die oberste Rahmschicht die wertvollste. Das aus dem Französischen ins Deutsche übernommene Wort Crème für Rahm war wohl der Ursprung für den Begriff Crème der Gesellschaft. Fürst Pückler schrieb 1828 voller Hochachtung über die vornehme »crème de la bonne société der Hauptstadt«, und in den darauffolgenden Jahren wird über sogenannte feine Leute unter der Überschrift »Crème de la Crème unserer Aristokratie« berichtet, oder die Hofberichterstattung wird unter dem Titel »Crème der Crème der Gesellschaft« veröffentlicht.

In den 1960er Jahren bestaunten viele das süße Leben der Crème de la Crème, doch für die Zugehörigkeit galten nun nicht mehr Standesbewusstsein, Herkunft oder Bildung, sondern hauptsächlich Macht, Geld und Popularität. Auch wenn man die oberen Zehntausend nun als Jetset bezeichnete, blieb es im Großen und

Ganzen dabei, dass besonders die Menschen gemeint sind, die wie der Rahm auf der Milch schwimmen.

Die Kastanien aus dem Feuer holen

Geröstete Maronen sind eine absolute Delikatesse, das wussten auch die Diener von Papst Julius II., und bei jeder sich bietenden Gelegenheit warfen sie ein paar Kastanien ins Kaminfeuer. Das Rösten dauerte nicht lange, doch eines Tages, als die Kastanien gerade zum Verzehr bereit waren, wurden die Lakaien zum Papst gerufen.

Das war eine gute Gelegenheit für den päpstlichen Affen, der zum Hofstaat des Vatikans gehörte. Er wollte sich die köstlichen Maronen holen, wusste aber, dass man die Nüsse mit einem Rechen aus der Glut fischen musste. Weil der Affe kein solches Werkzeug zur Verfügung hatte, schnappte er sich eine Katze, presste sie an sich und nahm ihr Pfötchen, um mit ihren Krallen die Kastanien herauszukratzen.

Diese Geschichte erzählt Simon Majoli in den »Dies caniculares« aus dem Jahr 1642. Sie endet überraschenderweise damit, dass die Diener, alarmiert durch das jämmerliche Katzenmiauen, dem gierigen Affen jeweils ihren Kastanien-Anteil schenkten. Das Schicksal der armen angebrannten Katze wurde hingegen nicht weiter erwähnt. Gleichwohl ist eine andere Version der Geschichte überliefert, die weniger auf Gewalt als auf List und Klugheit zielt. In der Fabel »Der Affe und die Katze« von La Fontaine wird die Katze vom Affen ermuntert, die Kastanien aus dem Feuer zu holen, vorgeblich um sie anschließend gemeinsam zu verzehren. Doch während Mieze die Kastanien vorsichtig aus der Glut fischt und sich dabei die Pfoten versengt, verspeist der Affe hinter ihrem Rücken eine Nuss nach der anderen.

Beide Geschichten veranschaulichen die leidvolle Tatsache, dass häufig der eine die unangenehme Seite einer Sache übernimmt, während der andere die Lorbeeren kassiert, so plastisch, dass sie sich in ganz Europa verbreitete. Wenn heute jemand »die Kastanien aus dem Feuer holt«, dann bedeutet das, dass man anderen zuliebe etwas Unangenehmes oder Gefährliches erledigt. Wenn es ganz dumm läuft, erleidet man ein ähnliches Schicksal wie die Katze und bekommt anstelle eines Dankes noch jede Menge Ärger, denn Undank ist ja bekanntlich der Welten Lohn.

Die Tafel aufheben

Im frühen Mittelalter entwickelte sich die uns bis heute vertraute gemischte Ernährung aus Getreideprodukten, Gemüse, Fleisch und Fisch, dennoch gab es nicht immer genug zu essen, und beim Kampf ums Überleben war kein Platz für Etikette. Die teilweise hochkultivierten griechisch-römischen Tischsitten waren schon lange in Vergessenheit geraten, und bei Fürst und Bauer gleichermaßen herrschten raue Sitten. Als Teller dienten flache, aufgeschnittene Brotlaibe, gegessen wurde mit den Fingern, nur bei Bedarf gab es einen Löffel und ein Messer. An Geräuschen oder Gasen musste jeder partizipieren, und nach dem Essen wurden die Hände einfach an den eigenen Kleidern abgewischt.

Bei den Räumlichkeiten für die Essenszubereitung gab es allerdings unverkennbare Gegensätze zwischen den Ständen. Die bäuerliche Küche bestand hauptsächlich aus einer einfachen offenen Feuerstelle, über der an einem eisernen Haken ein Topf hing. Die herrschaftliche Küche dagegen war meist in eigenen Gebäuden abseits der eigentlichen Wohngebäude untergebracht. Die teilweise riesigen Küchenanlagen mit mehreren Herdstellen wurden von einem Chefkoch überwacht, der eine Riege von Köchen und Küchenjungen befehligte.

Um von den abgelegenen Küchenanlagen in den herrschaftlichen Speisesaal zu gelangen, mussten die Speisen für den Transport auf einem Tisch, der Tafel, aufgebaut werden. Dieses riesige Tablett wurde dann von der Dienerschaft vor die Gäste geschleppt und vor Ort auf Böcke gestellt. Wenn der Hausherr das Essen zu beenden gedachte, gab er Anweisung zur »Aufhebung der Tafel«. Dienstboten eilten wieder herbei, hoben die gesamte Tafel mit allen darauf befindlichen Gerätschaften hoch und trugen sie wieder in die Küche zurück. Damit war das Essen beendet, die Gäste durften ihren Platz verlassen und anderen Vergnügungen nachgehen.

Heute bleibt natürlich der Esstisch – oder die Tafel – im Zimmer stehen, und nur Teller, Tassen und Terrinen werden abgeräumt, dennoch signalisiert ein stilvoller Gastgeber in Anlehnung an frühere Essgewohnheiten mit der Redewendung, die Tafel sei aufgehoben, dass ein Essen beendet ist und man sich erheben darf.

Dom Perignon

Für den Gourmetpapst des 17. Jahrhunderts, Seigneur de Saint-Évremond, waren die Engländer *faux délicats*, falsche Feinschmecker. Er hatte nämlich erfahren, dass die Briten die wunderbaren französischen Weine aus Ay und Hautvillers erst tranken, nachdem sie durch eine rätselhafte Metamorphose zu, seiner Meinung nach, ungenießbarem Schaumwein geworden waren. Zum Glück sei man in Frankreich von dieser Geschmacksverirrung nicht betroffen, äußerte sich de Saint-Évremond einem Freund gegenüber. Was er nicht ahnte, war, dass zu dieser Zeit im Benediktinerkloster in Hautvillers der Kellermeister Trauben aus verschiedenen Böden mischte und so versuchte, einen Tropfen von immer gleichbleibender Qualität herzustellen.

Die klimatische Lage von Hautvillers im Norden Frankreichs führte allerdings hin und wieder zu einem unangenehmen Phänomen im Gärungsprozess des Weins. Wenn die Winterkälte besonders früh einsetzte, wurde die erste Gärung unterbrochen, um, angeregt durch den hohen natürlichen Zuckergehalt dieser Traubenmischung, im Frühjahr mit einer zweiten Gärung zu beginnen. Die Flaschen platzten regelmäßig, und der klösterliche Kellermeister war über dieses »Teufelszeug« erbost. Er sann auf Abhilfe, damit der Geist in der Flasche blieb.

Zwei Jahre experimentierte der Kellermeister, bis er endlich eine Lösung fand. Er füllte den Wein in Flaschen aus dickem Glas und ersetzte den bisher üblichen Hanfpfropfen durch einen trichterförmigen Naturkorken, den er zusätzlich mit einer Schnur fixierte. Hin und wieder stieg er in den Keller des Klosters und drehte und rüttelte die dort gelagerten Flaschen, um zu prüfen, ob der Inhalt sich wie normaler Wein verhielt. Nach einer gewissen Reifezeit versuchte der Pater eine Flasche zu entkorken, doch kaum hatte er die Schnur entfernt und den Korken auch nur ein wenig berührt, gab es einen lauten Knall, und der überraschte Kellermeister rief seinen Brüdern zu: »Kommt schnell, ich trinke Sterne!« Die Mönche des Benediktinerklosters in Hautvillers staunten über den bernsteinfarbenen Wein, der im Glas perlte und sprudelte. Das prickelnde Luxusgetränk aus dem Weinbaugebiet der Champagne wurde unter dem Namen seines Erfinders, dem Kellermeister Dom Pérignon, weltberühmt.

Durch den Kakao ziehen

Bereits um das Jahr 600 kultivierten die Maya den tropischen Kakaobaum. Die weißen Fruchtkerne, die erst durch Fermentierung braun werden und ihren aromatischen Geschmack entwickeln, nannten sie *chocoatl*, woraus unsere Schokolade wurde, während Kakao von aztekisch *cacauatl* abgeleitet ist.

Es wird wohl niemals endgültig geklärt werden können, wer den Kakao aus der Neuen Welt nach Europa brachte. Sicher scheint jedoch, dass die Spanier das Getränk und seine Zubereitung bei den Azteken kennengelernt hatten. Die Kakaomasse wurde in Wasser aufgelöst, schaumig geschlagen und kalt serviert. In alten Akten ist festgehalten, dass eine Abordnung edler Maya dem spanischen Kronprinzen Philipp einen so geschlagenen Kakao überreicht hatte. Die erste offizielle Ladung Kakaobohnen gelangte im Jahr 1585 von Veracruz über den Atlantik nach Sevilla. Zunächst stieß das bittere Getränk auf wenig Begeisterung, lediglich im Handel mit den Kolonien hatten Kakaobohnen als Zahlungsmittel einen gewissen Wert. Erst der Zusatz von Honig oder Zucker eröffnete den Europäern – zunächst vor allem den Fürsten und kirchlichen Würdenträgern – den betörenden Geschmack. Bereits im Jahr 1568 hatten die Bischöfe Mexikos einen Gesandten direkt zu Papst Pius V. geschickt. Der sollte entscheiden, ob der Genuss von Schokolade die Fastenregeln verletzt. Dem Papst war Trinkschokolade unbekannt, doch schon nach dem ersten Schluck entschied der Pontifex äußerst angewidert: »Dieses Zeug bricht kein Fastengebot.« Wahrscheinlich hatten die mexikanischen Mönche dem Heiligen Vater vorsätzlich ein besonders bitteres Getränk gereicht, um sicherzustellen, dass kein päpstliches Gebot ihre geliebte Trinkschokolade verbieten würde. Tatsächlich wurde Schokolade bereits im Jahr 1569 von den Fastenregeln ausgenommen.

Was wir als Kakao bezeichnen, gibt es jedoch erst seit 1828. Der Niederländer Coenraad Johannes van Houten hatte eine hydraulische Presse entwickelt, um den zerriebenen, fermentierten und getrockneten Kakaobohnen das Fett zu entziehen. Das verbleibende Pulver ließ sich nun viel besser mit Wasser vermischen.

Gesüßte Trinkschokolade war nicht nur ein Genuss, man versprach sich davon auch gesundheitsfördernde Wirkungen. Nicht nur wegen der aphrodisischen Wirkung, die *Chokolathe* angeblich hatte, war der Siegeszug der Schokolade ab dem 17. Jahrhundert nicht mehr aufzuhalten. Tatsächlich hat man in der Kakaobohne, die bis zu fünfzig Prozent Fett und fünfzehn Prozent

Eiweiß enthält, ein Alkaloid nachgewiesen, das die Muskeln stärkt, die Nerven beruhigt sowie gefäßerweiternd und harntreibend wirkt.

Bei so vielen positiven Eigenschaften müsste es doch eigentlich angenehm sein, mal »durch den Kakao gezogen« zu werden, dennoch würde sich jeder eine solche Behandlung verbitten. Schon die spanischen *conquistadores* rümpften die Nase bei der aztekischen Bezeichnung *cacauatl* für die Kakaobohnen, denn der Wortstamm *caca* steht im Spanischen und vielen anderen Sprachen für Fäkalien. Das Wort Kakao fungiert also nur als Platzhalter für ein ähnlich klingendes, aber wesentlich derberes Wort aus dem Umfeld der Exkremente. Wenn jemanden verspottet wird, dann zieht man ihn nicht durch köstliche Trinkschokolade, sondern auf gut Deutsch durch Kacke.

Erich Kästner zitierte die Redewendung in den 1930er Jahren in seinem Reim: »Was immer auch geschieht, nie sollt ihr so tief sinken, von dem Kakao, durch den man euch zieht, auch noch zu trinken!« Er spielte damit auf die braunen Uniformen der Nazis an und sprach eine Empfehlung und gleichzeitig eine Warnung aus, die bis heute gilt.

E

Eine heilige Kuh schlachten

Die Vorstellung von einer Art Urkuh existierte in vielen frühen Kulturen. Die Ägypter glaubten, das Firmament über ihnen sei eine gewaltige Himmelskuh, deren Kopf so breit sei wie das Niltal. Für die Sumerer war eine Mondgöttin in Kuhgestalt für die jährlichen Überschwemmungen von Euphrat und Tigris zuständig. Wenn sie sich mit dem Stiergott Enlil vereinigte, überschwemmten die zwei Flüsse das Land und machten es so fruchtbar. Audhumla hieß die Urkuh in der germanischen Mythologie, die den ersten Menschen mit ihrer warmen Zunge aus dem Eis geschleckt haben soll. Bis heute finden sich in unserer Kultur noch Spuren von Rinderkult, wie etwa der zeremonielle Almabtrieb im Herbst oder der besonders geschmückte Pfingstochse.

Im Hinduismus wird der Kuh bis heute höchste religiöse Verehrung zuteil. Traditionell schlachten Hindus keine Rinder und der Verzehr von Rindfleisch ist tabu, denn dies käme nach hinduistischem Verständnis einem Mord gleich. Außerdem heißt es, mit den fünf Produkten der Kuh – Milch, Sauermilch, Butter, Urin und Kot – könne man sich von Sünden reinigen. Der besondere Kult um den gemütlichen Wiederkäuer geht hier auf die Gottheit Krishna zurück. Einer mythischen Erzählung nach wurde Krishna, der seine Jugend als Kuh-hirte verbracht hatte, von den Tieren ernährt. Deshalb symbolisiert die Kuh im Hinduismus die Mutter allen Lebens.

In der Heimat der heiligen Kühe kann die Landwirt-schaft, zumindest in großen Teilen Indiens, bis heute auf Rinder als Zugtiere nicht verzichten. Es ist also durchaus sinnvoll, auch in großer Not seine »Trakto-ren« nicht zu verspeisen, um sich auf diese Weise sei-nen Lebensunterhalt langfristig zu sichern. Das Verbot, Kühe zu töten, gibt es allerdings erst seit etwa tausend Jahren in Indien, und die »Heiligsprechung« hat gar keinen religiösen Ursprung, sondern sollte einfach nur die Moslems politisch ausgrenzen, die im Gegensatz zu den Hindus die heiligen Kühe schlachten.

Auch bei uns dürfen »heilige Kühe« eigentlich nicht angetastet werden, denn darunter verstehen wir etwas, das nicht einmal im Ansatz infrage gestellt werden darf. Trotzdem kommt es vor, dass eine solche »heilige Kuh« geschlachtet wird, wobei das Schlachten in diesem Fall für ein Umdenken oder grundlegende Veränderungen steht.

Eine Prinzessin auf der Erbse sein

In der Märchenwelt geht es um Einsatz, Mut, Zusam-menhalt, Gefahren und darum, jede Menge Probleme zu lösen. Die Herausforderungen in fantastischen Wel-ten werden von unerschrockenen Heldinnen und Hel-den gemeistert, selbstverständlich immer mit garan-tiert gutem Ausgang. Nicht nur Kinder lieben Märchen, auch Erwachsene erinnern sich gerne an das wohlige Erschauern, und manchmal gibt es im wirklichen Leben erstaunliche Analogien. Hans Christian Andersen erfand eine Geschichte, in der es um Überempfindlichkeiten geht, und die sind eine zeitlose Erscheinung.

In einem kleinen Königreich wollte ein Prinz nur eine echte Prinzessin heiraten. Doch er fand kein Edelfräulein, bis eines Abends – es regnete in Strömen – eine etwas derangierte junge Frau an die Schlosstür klopfte und behauptete, blaublütig zu sein. Doch um Thron und Prinz zu bekommen, musste sie erst einen Test bestehen. Geprüft wurde im Gästebett, in das die Königin eine harte Erbse auf den Boden der Bettstelle legte und darauf zwanzig Matratzen und zwanzig Daunendecken packte. Am Morgen wurde der Gast gefragt, wie er denn geschlafen habe. Erfreut nahm man zur Kenntnis, dass die junge Frau klagte, sehr schlecht geschlafen zu haben, weil sie etwas Hartes verspürt hätte. Dank ihrer extravaganten Empfindsamkeit besteht somit die regennasse Fremde den Prinzessinnentest, und zur Belohnung wird schon bald Hochzeit gefeiert.

Hans Christian Andersen wollte mit dieser Geschichte sicher kein königliches Happy End beschreiben, sondern die Kluft zwischen Herrschenden und Untergebenen anprangern, wobei er die absurde Überempfindlichkeit verspottet, auch wenn sie im Märchen belohnt wird. Heute ist Wehleidigkeit jedenfalls keine erstrebenswerte Tugend mehr, und wenn sich jemand als ganz besonderes Sensibelchen darstellt, wird er gern einmal durch die Redewendung, er verhalte sich wie die Prinzessin auf der Erbse, verspottet.

Einen Eiertanz aufführen

Getanzt wurde zu allen Zeiten in allen Kulturen. Die unterschiedlichsten rhythmischen Bewegungen dienten entweder der Verehrung auserwählter Götter oder waren Teil eines Initiationsritus. Letzeres können wir noch heute speziell auf dem Wiener Opernball beobachten, wo junge Mädchen in einem Formationstanz der Gesellschaft vorgestellt werden.

Verbreitet sind auch Rituale, in deren Rahmen Tänze zur Förderung der Fruchtbarkeit von Mensch, Tier und Pflanzen aufgeführt werden. Einen Tanz dieser Kategorie beschreibt Johann Wolfgang von Goethe in seinem Bildungsroman »Wilhelm Meisters Lehrjahre«: Ein Teppich wird ausgebreitet, und auf ihm werden in einem genau festgelegten Muster rohe Eier ausgelegt. Unvorstellbar, dass selbst der geschickteste und leichtfüßigste Tänzer mit verbundenen Augen zu feuriger spanischer Musik auf diesem mit der empfindlichsten Ware bestückten Teppich tanzen kann, ohne Rührei zu erzeugen. Doch »Goethes Mädchen«, das in dem Roman diesen Tanz vorführt, gelingt das Kunststück, trotz ihrer von Kastagnettengeklapper begleiteten akrobatischen Tanzbewegungen keines der Eier zu berühren oder gar zu zerbrechen.

Vielleicht war Johann Wolfgang von Goethe selbst Augenzeuge eines solchen Tanzes gewesen, der früher in manchen Gegenden Deutschlands ein Element des Volkstanzes war, vielleicht hatte er auch nur davon gehört. Doch die beschriebene Tanzszene hat die Leser anscheinend tief beeindruckt, denn seit der Veröffentlichung des Romans im Jahr 1795 wird bei der Lösung von heiklen und komplizierten Aufgaben der gewagte Eiertanz des Mädchens zitiert. Allerdings hat sich heute die Bedeutung ein wenig verschoben. Jemand, der einen Eiertanz aufführt, tanzt nicht etwa um rohe Eier herum, sondern taktiert und versucht, den heiklen Kern einer Sache zu umgehen.

Einen Toast aussprechen

Das Wort Toast steht im Deutschen wie auch in seinem englischen Ursprung zum einen für den Trinkspruch und zum anderen für die geröstete Brotschnitte.

Trotz der zwei ganz unterschiedlichen Bedeutungen handelt es sich tatsächlich um denselben Ursprung. Der Zusammenhang zwischen Brotrösten und Trinkspruch geht auf eine englische Tradition zurück, die im 16. Jahrhundert wesentlicher Bestandteil der Etikette war. Alexandre Dumas, Autor der bekannten Romane »Die drei Musketiere« und »Der Graf von Monte Christo«, berichtet in seinem fünfbändigen Werk »Le Grand Dictionnaire de Cuisine« über den alten Brauch, eine mit Bier gefüllte Karaffe stets zusammen mit einer gerösteten Scheibe Brot zu servieren. Demnach ließ derjenige, der einen Trinkspruch ausbringen wollte, den Toast in den Krug fallen, der anschließend herumgereicht wurde und aus dem jeder Gast einen Schluck nahm. Demjenigen, dem der Trinkspruch galt, kam die Ehre zu, den letzten Schluck aus dem Gefäß zu nehmen und damit auch das Recht, das darin verbliebene Brot zu essen, was Segen und Gesundheit versprach. Zunächst übertrug man den Begriff Toast auf die Person, zu deren Ehre und auf deren Erfolg getrunken wurde, später galt der Trinkspruch selbst als Toast.

Selbstverständlich wurden Trinksprüche immer schon der Schönheit der Damen gewidmet. Im Mittelpunkt einer ziemlich erotischen Geschichte und eines sehr begehrenswerten Toasts steht Anne Boleyn. Die Gattin Heinrich VIII. und damals schönste Frau Englands nahm vor den Augen einiger fanatischer Verehrer ein Bad, wobei diese Herren, anstatt einen Krug Wein zu leeren, voller Lust Schluck um Schluck das Badewasser der Schönen schlürften. Als die begehrte Dame schließlich in der Wanne auf dem Trockenen saß, bemerkte sie, dass sich einer ihrer Bewunderer beim Trinken zurückgehalten hatte. Auf die Frage, warum er auf den Genuss ihres Badewassers verzichtet hätte, lautete seine anzügliche Antwort, er habe auf den Toast gewartet! Ob Anne Boleyn von dem Verehrer als appetitliches, getoastetes Brötchen »vernascht« wurde, ist nicht überliefert, allerdings war es schließlich der Vorwurf amouröser Verfehlungen, weswegen sie im Tower geköpft wurde.

Das Eintunken von Brot in Wein ist eine uralte Sitte. Sie ist im Orient weit verbreitet und hat auch Eingang in christliche Abendmahlriten gefunden. So werden in den griechisch-orientalischen Kirchen vom Priester bei der Kommunion die Hostien in den Wein geworfen und für die Gläubigen mit einem Löffel herausgeholt.

Eine rein deutsche Angelegenheit ist der »Toast Hawaii«. Allein der Name »Hawaii« klang für die Nachkriegsdeutschen wie ein Versprechen von Sonne, Meer, Sorglosigkeit, Abenteuer, Exotik und Erotik. Im Jahr 1955 gelang es Clemens Wilmenrod, Deutschlands erstem Fernsehkoch, diese Sehnsucht mit seiner kulinarischen Kreation »Toast Hawaii« umzusetzen.

Wilmenrod war ein fülliger Bonvivant mit Menjoubärtchen und eigentlich Schauspieler. Er hatte keinerlei Kochausbildung, dennoch kochte, briet und brutzelte sich der begnadete Selbstdarsteller in die Herzen der deutschen Hausfrauen. In seiner fünfzehnminütigen Liveshow »Bitte in zehn Minuten zu Tisch« begrüßte er seine Zuschauer mit den Worten »Verehrte Feinschmeckergemeinde«, wobei er sich nicht scheute, hemmungslos zu Dosengemüse, Fertigsoßen, Ketchup und Mayonnaise zu greifen.

Rezept Toast Hawaii

FÜR EINE PERSON:

Eine Scheibe Toastbrot mittelbraun toasten, mit Butter bestreichen, mit einer Scheibe Kochschinken, einer Scheibe Dosenananas und einer Scheibe Gouda belegen und überbacken. Auf den fertigen Toast eine Cocktailkirsche setzen, mit Paprikapulver würzen.

Eisbein

Dass Eislauf in Norwegen bereits im 13. Jahrhundert populär war, wissen wir aus der »Njals-Saga«, in der von einem göttlichen Zweikampf auf Schlittschuhen berichtet wird. Die Anfänge des Eislaufens lassen sich durch Funde prähistorischer Schlittschuhe sogar bis in die Jungsteinzeit zurückverfolgen. Die Gleithilfen bestanden ursprünglich aus präparierten Tierknochen, in der Regel den Unterbeinknochen vom Rind,

Pferd oder Rentier, die gespalten und flachgeschliffen wurden.

Die ersten Schlittschuhe befestigte man mit Lederriemen am Fuß, und weil sie noch keine Kanten hatten, musste man sich mithilfe von Stöcken abstoßen. Gleithilfen wurden im Winter besonders in wasserreichen Gegenden als wichtiges Fortbewegungsmittel benutzt, in den Pfahlbau-Gebieten rund um die süddeutschen Seen wurden etliche dieser Knochen-Schlittschuhe gefunden. Noch im 19. Jahrhundert, als das Schlittschuhlaufen bei uns populär wurde, konnten sich nur die Wohlhabenden Kufen aus Stahl leisten. Die ärmeren Leute schnürten sich wie zu Urzeiten die abgenagten Knochen größerer Huftiere unter die Sohlen und schlitterten damit über die zugefrorenen Gewässer.

Noch heute heißen Schlittschuhe auf Schwedisch und Norwegisch »isläggor« bzw. »islegg«, wörtlich übersetzt, »Eisbeine«, und im Nordgermanischen wurde Schlittschuhlaufen *Skrida a isleggjum* genannt, was so viel wie Schreiten auf Eisknochen heißt. An diese germanische Bezeichnung erinnert bis heute eine kulinarische Spezialität. Der Wirt einer Berliner Kneipe in der Nähe des Görlitzer Bahnhofs nahm einen Unterschenkelknochen vom Schwein mit Fleischansatz, pökelte und kochte ihn, und zusammen mit Sauerkraut und Erbsenpüree servierte er seine Kreation zur Erinnerung an die historische Verwendung des Knochens unter dem Namen »Eisbein«.

Rezept Eisbein

FÜR VIER PERSONEN:

1,5 kg gepökeltes
Eisbein (2–3 Stück)
etwa 1,25 l Wasser
1 TL Salz
1 Zwiebel

3 Lorbeerblätter
6 zerstoßene schwarze
Pfefferkörner
etwas Zucker zum
Abschmecken

Eisbein unter fließendem kaltem Wasser abspülen,
mit den Gewürzen in einen Topf mit Salzwasser
geben, zum Kochen bringen und etwa 90 Minuten
mit geschlossenem Deckel köcheln. Das fertig-
gekochte Fleisch aus der Brühe nehmen und gut
abtropfen lassen.

Etwas auf der Pfanne haben

Wenn Holzkohle, Salpeter und Schwefel in einem Rohr
entzündet werden, explodiert das Gemisch mit einem
lauten Knall. In China war diese Reaktion schon lange
bekannt, und ab der Mitte des 13. Jahrhunderts feuer-
werkte man in Europa ebenfalls mit Knall und Rauch.
Auch auf dem Schlachtfeld waren es am Anfang vor
allem Schall und Rauch, die den Gegner verwirrten,
doch schon hundert Jahre später war das Gewehr zur
tödlichen Waffe geworden. Ein einfaches, an einem Ende
verschlossenes Rohr wurde mit explosivem Pulverge-
misch bestückt und durch ein kleines Loch mit glühen-
dem Draht oder einem Stückchen Kohle gezündet.

Weil Waffen nicht nur ein tödliches, sondern auch ein lukratives Geschäft waren, entwickelte man aus dieser Frühform schon bald Waffen, mit denen ein guter Schütze auch auf größere Entfernung ziemlich genau treffen konnte. Dabei ist der Vorderlader die älteste Form der Feuerwaffe, bei der keine Patronen benutzt werden. Das Schwarzpulver wird, gefolgt von einer Bleikugel, von vorne durch die Mündung geladen und mit dem Ladestock in den Lauf geschoben.

Allerdings war die Zündung des Schwarzpulvers ziemlich umständlich, es musste wie bei Kanonen im Lauf gezündet werden. Auf den Befehl »Feuer!« hin wurde eine brennende Fackel angezündet, hinten an den Lauf gehalten, und schon machte es *Bumm!* Offenes Feuer ist beim Gewehr natürlich äußerst unpraktisch, deshalb lieferten die Waffenhersteller schon bald eine verbesserte Zündvorrichtung, das Steinschloss. Jetzt musste nur ein Abzug betätigt werden, ein Feuerstein schnellte nach vorne und schlug an einem Stück Metall Funken. Diese entzündeten eine Pulverladung, die in einer kleinen Pfanne vor dem Zündloch lag, und wenn alles gutging, dann explodierte die Ladung wie bei der Kanone. Durch die kleine Verzögerung der Schussauslösung wurde das Schießen mit dem Steinschlossgewehr besonders schwierig, denn der Schütze musste auch nach Betätigung des Abzugs das Gewehr noch absolut ruhig halten, andernfalls ging der Schuss daneben.

Für Fehlschüsse gab es allerdings noch andere Gründe, und manchmal knallte es beim Steinschlossgewehr überhaupt nicht. Denn bei dieser Art der Zündung musste alles sorgfältig vorbereitet und abgestimmt sein. Um schussfähig zu sein, galt es, die Montage des Feuersteins

sowie den richtigen Winkel für den Aufschlag abzu-
stimmen und das Pulver in der Pfanne vorzubereiten.
Wenn heute jemand sprichwörtlich »etwas auf der Pfanne
hat«, dann ist er schussfähig, oder weniger kriegerisch
ausgedrückt, es handelt sich um jemanden, der etwas
draufhat, dem wir also zutrauen, schwierige Situationen
intelligent zu meistern.

F

Fanta

Am 11. Dezember 1941 erklärte Hitler den Vereinigten Staaten den Krieg, eine folgenreiche Entscheidung für die deutsche Niederlassung von Coca-Cola, die seit 1929 die beliebte koffeinhaltige Limonade vertrieb. Wie sich 1945 allerdings herausstellte, war der zu erwartende Engpass des Cola-Sirups, der direkt aus der Konzernzentrale in Atlanta geliefert wurde, für die deutsche Bevölkerung das kleinste Übel. Der Geschäftsführer der deutschen Coca-Cola-Vertretung, Max Keith, hatte die politische Entwicklung und das Aus für Coca-Cola schon geahnt und für den Tag X vorgesorgt. Bereits gegen Ende des ersten Kriegsjahres hatte er seinen Chefchemiker beauftragt, ein Getränk zu entwickeln, mit dem die amerikanische Brause ersetzt werden könnte.

Eine wesentliche Voraussetzung für den neuen Trunk war ein Grundstoff, dessen Produktion auch in Kriegszeiten aufrechterhalten werden konnte. Dieser Forderung entsprach Molke, ein säuerlich schmeckendes Milchprodukt, das bei der Käseherstellung entsteht. Um seinem amerikanischen Vorbild geschmacklich zu entsprechen, wurden der Molke Fruchtreste aus der Obstsaft-Produktion sowie Koffein und der Süßstoff Saccharin beigegeben. Obwohl das Getränk je nach Fruchtbeimischung unterschiedlich schmeckte, wurde es begeistert gekauft, denn sein variabler Geschmack war, genau wie der von Coca-Cola, mit dem keines anderen Getränks vergleichbar.

Als die Geschäftsleitung für das neue Produkt keinen klingenden Name fand, wurden die Angestellten bei einer Vollversammlung aufgefordert, ihrer Fantasie freien Lauf zu lassen. Auf das Stichwort »Fantasie« prustete ein Mitarbeiter spontan die ersten beiden Silben heraus: »Fanta!«

Noch während des Krieges wurde das Produkt in mehreren europäischen Ländern als Warenzeichen registriert, und nach Kriegsende übergab Max Keith den Cola-Bossen die neue, erfolgreiche Marke. Nach anfänglichen Umsatzeinbußen eroberte sich die Nazi-Limo schließlich einen sicheren Marktanteil, und das ist bis heute so geblieben. Die braune Flasche soll kein Hinweis auf die braune Vergangenheit ihrer Entwicklungsgeschichte sein, sie wurde erst im Jahr 1955 von dem berühmten Designer Raymond Loewy entworfen, und auch die Brause von heute hat mit dem damaligen Molke-Frucht-Gebräu keinerlei Ähnlichkeit mehr.

Fresszettel

Während im Jahr 2007 Papst Benedikt XVI. anlässlich der Heiligsprechung des brasilianischen Franziskanermönchs Frei Galvo eine Messe zelebrierte, wurden vor der Kirche *pilulas*, das sind klitzekleine Kügelchen, zum Verzehr angeboten. Die wundertätigen Kügelchen haben den Ordensmann Antônio de Sant'Ana Galvão in Brasilien berühmt gemacht, bis heute glauben viele, dass die Einnahme der *pilulas*, die, rein materiell betrachtet, aus nichts weiter als einem winzigen, zusammengeknüllten Stückchen Papier bestehen, ihre Wünsche erfüllen würde. Das erste Wunder geschah angeblich im 18. Jahrhundert, als der heilige Antônio auf diese Weise einen kranken Jungen geheilt hatte. Aus einem Zettel mit der Aufschrift »Muttergottes, bitte für uns« hatte er winzige Kügelchen geformt und einen schwer nierenkranken Buben aufgefordert, sie zu verspeisen. Kaum hatte der sie heruntergeschluckt, war er geheilt.

Bis ins letzte Jahrhundert hinein waren sogenannte Esszettel allgemein beliebte Devotionalien, die an Wallfahrtsorten verkauft wurden. Es handelte sich dabei um briefmarkengroße Bildchen, auf denen Heilige abgebildet waren und die besondere Heilkräfte entfalten konnten. Um die spirituelle Kraft und deren positive Wirkung des Heiligen ganz in sich aufzunehmen, wurden die Zettelchen in Wasser eingeweicht und gegessen, kleinere Formate wurden auch uneingeweicht verschluckt. Die kleinen Heiligenbildchen fanden vielfältige Verwendung, sie konnten bei Bedarf dem Tierfutter beigemischt werden, dienten als Wettersegen, wurden als Schutzbrief aufbewahrt oder in einem Amulett getragen. In manchen Gegenden zierten sie Lebkuchen und anderes Gebäck.

Das Vertrauen in die Heilkraft der Esszettel war tief im Volksglauben verankert, und im Jahr 1903 verkündete die Kongregation für Glaubenslehre, dass die Kirche diese Tradition durchaus tolerierte, es sei denn, Aberglaube war im Spiel.

Als »Fresszettel« bezeichnen wir umgangssprachlich einen meist hastig von einem größeren Blatt abgerissenen Papierfetzen. Wenn dieser Notizzettel auch noch ein wenig zerknittert ist, erinnert er leicht an seinen ursprünglichen Namensgeber: den Esszettel, das Souvenir gläubiger Pilger.

Fürst-Pückler-Eisbombe

Die Geschichte des Speiseeises beginnt eher zufällig um 1530, dem Jahr in dem Karl V. in Bologna zum Kaiser gekrönt wurde. Ein Zuckerbäcker aus dem sizilianischen Catania experimentierte mit verschiedenen Ingredienzen, um ein besonders kaiserliches Dessert zu kreieren. Dabei entdeckte er, dass eine Mischung aus Salpeter und gestoßenem Gletschereis Kälte erzeugt, und schon bald machten sich Konditoren aus Sizilien, Bologna und Neapel den Trick zunutze und mischten und rührten so lange, bis das erste sahnige Eis entstand.

All diesen Schwierigkeiten zum Trotz soll ein Konditormeister aus Cottbus namens Schultz Anfang des 19. Jahrhunderts die Fürst-Pückler-Eisbombe erfunden haben. Vielleicht hat sich der exzentrische Fürst Hermann von Pückler-Muskau seinen Namen bezahlen lassen, denn trotz des riesigen Familienvermögens war er nicht nur wegen seiner Gartenkunst berühmt, sondern auch wegen seiner stets leeren Kassen berüchtigt. Fest steht, dass der Fürst seit einem Diner im Palast des Sultans von Konstantinopel leidenschaftlich gerne Eis aß und jedem Konditor sicher gerne gestattet hätte, einer Eiskreation seinen Namen zu geben.

Der im Jahr 1785 in Muskau geborene Hermann Fürst von Pückler-Muskau war ein berühmter Literat und international gefragter Gartenarchitekt. Er schuf rund um seine Schlösser nach englischem Vorbild sogenannte Landschaftsparks, die man noch heute bewundern kann. Als Mensch war der Fürst ein extravaganter Lebemann und der gehobenen Küche und gepflegter Gesellschaft durchaus zugetan, was man in seinen seit 1854 handschriftlich geführten »Tafelbüchern« nachlesen kann.

Oft werden Kompotte, Gelees, Crèmes und Gefrorenes von Früchten als Desserts genannt, aber in keinem der Menüs gibt es ein Eis, das dem Fürst-Pückler-Eis entspräche, so bleibt die Herkunft jener berühmten Spezialität geheimnisvoll. Auch wenn der Fürst nicht der Erfinder, sondern vielleicht nur der Förderer dieses köstlichen kalten Desserts war, ist im Schloss Muskau ein Originalrezept der Eisbombe zu sehen.

Übrigens verwendete der königlich-preußische Hofkoch Louis Ferdinand Jungius, der dem Fürsten im Jahr 1839 ein *Glace de crême fouettée aux fruits* servierte, für die drei Schichten grüne Pflaumen, rote Kirschen und Aprikosen. Das ursprüngliche Fürst-Pückler-Schichteis hatte also die Farben Grün, Rot und Gelb, was zu einem Gartenliebhaber ja auch viel besser passte als die heute bekannte Kombination von Erdbeer-Vanille-

Schokolade, denn die größte Leidenschaft des Grafen war schließlich nicht die Kochkunst, sondern die kunstvolle Landschaftsgestaltung.

Rezept Fürst-Pückler-Eisbombe
Originalrezept aus Schloss Muskau

FÜR VIER PERSONEN:

Man nehme ½ l frische Sahne und 3–4 EL feinen Zucker, schlage beides zusammen sehr hart und teile es zu drei gleichen Teilen. In den ersten Teil gebe man zerstoßene Früchte edler Art, die zweite Portion wird mit feinen zerstoßenen Mandeln und bitterer Schokolade vermengt. Die Mandeln sollte man vier Stunden in feinen Likör legen. Die dritte Portion vermischt man mit ½ kleinen Tasse Maraschino. Alle Portionen glatt übereinandergeben und in einem eisernen Gefäß anderthalb Tage in rotem Salz zum Kühlen geben. Nach dem Kühlen mit Früchten und flüssiger Schokolade verzieren.

G

Guide Michelin

Über die Organisation und ihre Arbeitsweise ist nicht viel bekannt, auch die Zahl ihrer Inspektoren wird geheim gehalten. Die Agenten achten sorgsam darauf, nicht erkannt zu werden. Korrekt gekleidet, erscheinen sie am Einsatzort meist zu zweit, manchmal auch allein. Ihren Auftrag verraten sie selten, aber auch offenes Interesse kann Teil der Fahndungsprozedur sein, auf deren Erkenntnissen die spätere Urteilsfindung beruht. Allerdings müssen diese Agenten bei ihren Einsätzen kaum um ihr Leben fürchten, sondern höchstens um ihre Figur. Denn der Auftrag dieser Spitzel lautet, in den besten Restaurants des Landes zu speisen und die teuersten Hotels aufzusuchen.

Es waren die Michelin-Tester, die ihren ersten Einsatz im Jahr 1900 hatten. In Paris wurde auf der Weltausstellung der Siegeszug der Technik gefeiert, die Stadt hatte sich für das Ereignis herausgeputzt, eine U-Bahn, die Metro, war gebaut worden, und die sensationelle Eisenkonstruktion des Eiffelturms ragte in den Himmel. Nur Autos waren sehr selten zu sehen, denn zu Beginn des 20. Jahrhunderts war das Autofahren noch ein exklusives Hobby für abenteuerlustige Snobs. Doch die Brüder Edouard und André Michelin waren von der Zukunft des Automobils so überzeugt, dass sie zur Ermunterung der Reisewilligen einen kostenlosen Ratgeber rund ums Auto herausbrachten.

Das vierhundert Seiten umfassende Buch enthielt hauptsächlich Informationen zur technischen Ausstattung der Fahrzeuge, vor allem welche Ersatzteile man immer dabeihaben sollte. Es gab eine Tabelle, um die Durchschnittsgeschwindigkeit zu berechnen, und für alle Fälle auch eine Liste der besten Chirurgen. Daneben wurden Reparaturwerkstätten sowie Gaststätten aufgezählt. Im Fall einer Panne konnte man also das Notwendige mit dem Nützlichen verbinden und nachschlagen, wo eine gute Mahlzeit zu welchem Preis eingenommen und wenn nötig auch übernachtet werden konnte.

Den »Guide Michelin« gibt es bis heute, allerdings nicht mehr kostenlos. Tatsächlich werden jährlich über eine Million Exemplare verkauft, das Buch ist damit fast so erfolgreich wie die Bibel. Pannenhilfe sucht man darin allerdings vergebens, denn man hat sich inzwischen auf die Veröffentlichung der Testergebnisse der unauffälligen Inspektoren spezialisiert, die in zwölf europäischen Ländern spionieren. Ihre Bewertung: »verdient besondere Beachtung«, »verdient einen Umweg« oder »ist eine Reise« wert, gekennzeichnet mit einem, zwei oder drei Sternen, bedeutet für die internationalen Spitzenköche Himmel oder Hölle.

H

Hinschicken, wo der Pfeffer wächst

Jahrhundertelang mussten Gewürze wie Nelken, Muskat oder Zimt auf dem Landweg von Indien über den Vorderen Orient und Alexandria nach Europa transportiert werden. Vor allem um den begehrten Pfeffer direkt aus Indien importieren zu können, begaben sich zahlreiche Abenteurer auf Entdeckungsreise. Als Christoph Kolumbus im Jahr 1492 in See stach, war auch er von der Idee beflügelt, endlich eine Schiffspassage ins Land des Pfeffers zu finden. Doch was er entdeckte, war ein bisher noch unbekannter Kontinent, und erst Vasco da Gama fand im Jahr 1498 den Seeweg nach Indien, was zunächst den Portugiesen die Herrschaft über den lukrativen Pfefferhandel bescherte.

Perser und phönizische Kaufleute hatten die ersten Pfefferkörner nach Griechenland gebracht, doch die Hellenen verwendeten sie hauptsächlich als Medizin. Schon die Inder kannten Pfeffer als Appetitanreger und verschrieben ihn auch zur Förderung von Kreislauf und Verdauung; außerdem galt er als entzündungshemmend, fiebersenkend und schweißtreibend. Noch heute ist heiße Milch mit Pfeffer und Honig ein bekanntes Hausrezept gegen Husten und Halsweh.

Dass Pfeffer in Europa bereits in der Antike verwendet wurde, wissen wir vom griechischen Arzt Hippokrates, der ihn 400 v. Chr. erwähnt. Fast 500 Jahre später beklagt der römische Gelehrte Plinius den hohen Preis des Pfeffers, weswegen man zum Würzen in der Antike die weitaus billigere Myrtenbeere verwendete. Dies änderte sich erst zu Beginn der Kaiserzeit, als es Pompeius gelang, Syrien zu erobern, und Rom damit Zugang zum Euphrat hatte, dem historischen Wasserweg zum Persischen Golf und nach Indien. Tatsächlich stammt der Pfefferstrauch ursprünglich aus den weit entlegenen, feuchtwarmen Küstenwäldern der indischen Provinz Malabar und wanderte von dort nach Sri Lanka, Malaysia, Java, Sumatra, Borneo und auf die Philippinen.

Die unreifen Steinfrüchte des Klettergewächses sind zunächst grün, verfärben sich dann gelb und leuchten im reifen Zustand orange. Schwarzer, weißer und grüner Pfeffer wachsen also an derselben Pflanze. Für den schwarzen Pfeffer werden die unreifen, grünen Steinbeeren in der Sonne getrocknet, bis ihre Haut schwarz und runzelig wird. Wässert und fermentiert man die reifen Beeren, löst sich die Schale vom grauen Kern, der nach mehrmaligem Waschen und Trocknen eine cremig weiße Farbe annimmt.

Heute suchen manche das ferne Pfefferland nicht in Indien, sondern denken an Französisch Guayana, die Heimat des Cayennepfeffers. Zwar ist Guayana ziemlich weit weg, dennoch kann es nicht wirklich als das Land gelten, wo der Pfeffer wächst, schließlich handelt es sich bei Cayennepfeffer um gemahlene Chilis. Außerdem wurde Guayana erst im Jahr 1500 von den Spaniern entdeckt. Es ist kaum anzunehmen, dass sich die dort herrschende Lebensfeindlichkeit in wenigen Jahrzehnten herumgesprochen hat, denn schon im Jahr 1512 wurde in der »Narrenbeschwörung« des Franziskanermönchs Thomas Murner die Redewendung »Jemanden dorthin schicken, wo der Pfeffer wächst« zitiert. Dennoch wäre dieses Land durchaus ein passender Ort gewesen, an den man denjenigen wünscht, der nicht wiederkommen soll. Weltbekannt wurden Französisch-Guayana, das dort herrschende mörderische Klima und die Strafkolonie auf der Teufelsinsel durch das Buch von Henri Charrière und den gleichnamigen Film »Papillon«.

Doch egal, ob Indien oder Guayana, wenn man eine unangenehme Person dahin wünscht, wo der Pfeffer wächst, wünscht man sie ganz weit weg, und zwar zum entlegensten Ort der Welt.

Honig ums Maul schmieren

Schon die alten Ägypter machten sich die antibakterielle Wirkung von Honig bei Mumifizierungen zunutze. Die Bienen mischen dem Nektar ein bestimmtes Enzym bei, das im Honig desinfizierendes Wasserstoffperoxyd freisetzt, und in der Naturheilkunde spielen Honig und andere Bienenprodukte wie Propolis oder Gelée Royale seit jeher eine große Rolle.

Dass Honig so gut schmeckt, liegt im Wesentlichen am Zuckergehalt. Durch seinen hohen Anteil an Frucht- und Traubenzucker liefert er dem Körper Energie, und in Verbindung mit anderen honigeigenen Wirkstoffen steigert er Kondition und Konzentrationsfähigkeit.

Honig hat überdies auch eine beruhigende Wirkung und gilt für angespannte, leicht nervöse Menschen als wirkungsvoll-süße Medizin.

Auf die beruhigende Wirkung des Honigs hat sich der chinesische Volksglaube seit Jahrtausenden verlassen. In China gibt es diverse böse Hausgeister, die es darauf abgesehen haben, Familien ins Verderben zu stürzen. Doch um Schaden anzurichten, müssen sie zunächst ins Haus gelangen, und das fällt ihnen gar nicht so leicht. Manche Geister können nämlich die Füße nicht heben und damit auch nicht über Schwellen steigen. Andere können nicht um die Ecke gehen und scheitern an verwinkelten Gängen. Auch haben chinesische Geister noch ein weiteres Manko: Sie sind für den Schrecken, den sie verbreiten, selbst sehr empfänglich. Hängt an einer Haustür ein Spiegel, in dem sich die Spukwesen selbst ins Gesicht sehen müssen, suchen sie schreiend das Weite. Manche Geister sind zwar clever und vermeiden den Blick in den Spiegel, doch dafür haben sie eine andere Schwäche: Sie lösen liebend gerne Labyrinthrätsel. Traditionell findet man deshalb an vielen chinesischen Häusern kleine Plättchen mit einem aufgemalten Irrgarten, in dessen Mitte dann ein Spiegel blinkt. Wie schön wäre es, wenn sich jedes Unheil abwenden ließe, indem man dem Schicksal den Spiegel vorhält!

Mit einem speziellen Geist, dem Herdgott, ist ein Honigkult aus vortaoistischer Zeit verbunden. Jeder Haushalt hat einen eigenen Herdgott aus Ton, der über das Feuer, den Herd, das Haus und speziell auch die Kinder wacht. Traditionell muss dieser Gott in der Nacht vor dem Neujahrsfest vor den höchsten Himmelsgott treten und über das Treiben auf der Erde berichten, vor allem darüber, ob die Buben und Mädchen immer recht brav und folgsam waren. Damit nur die süßesten Töne aus dem Mund des Gottes kommen, streichen chinesische Kinder ihrem Küchengott den Mund mit Honig ein.

Dieser chinesische Brauch wurde in Europa schon früh durch Seefahrer überliefert, und es ist nicht auszuschließen, dass die Herkunft der seit dem 17. Jahrhundert bekannten Redewendung »Jemandem Honig ums Maul schmieren«, also jemandem zu schmeicheln, im fernen China ihren Ursprung hat.

I

In den sauren Apfel beißen

Lange Zeit war der Apfel Sinnbild für Reichtum, Verführung und Macht. Kein Wunder also, dass er in vielen Geschichten eine entscheidende Rolle spielt. *Malus* heißt der Apfel auf Latein, übersetzt: »das Böse«, und sein Genuss hatte oft dramatische Folgen, schließlich flogen Adam und Eva seinetwegen aus dem Paradies. Riskant war auch Herkules' Kampf um die goldenen Äpfel der Hesperiden, ein Apfel war der Auslöser des Trojanischen Kriegs, und Schneewittchen wäre fast an einer solchen Frucht erstickt. Scheinbar ist mit dieser Obstsorte etwas unvermeidbar Unangenehmes verbunden, worauf bis heute die Redewendung »in den sauren Apfel beißen« hinweist.

Eine essenzielle Voraussetzung für die Fortpflanzung des Apfelbaums ist die Tatsache, dass die unreifen Früchte besonders viel Säure enthalten. Das hält Mensch und Tier davon ab, die ungenießbaren Früchte zu essen. Niemand will freiwillig in den sauren Apfel beißen. Doch mit der Redewendung soll verdeutlicht werden, dass auch eine unangenehme Prozedur nützlich sein kann. Die erste Erwähnung dieses Sprachbildes findet sich bei Martin Luther. In einem Brief beglückwünschte er den Kurfürsten von Sachsen zu seiner Genesung und umschrieb die überwundene Krankheit mit den Worten, dass der Kurfürst im übertragenen Sinne »etwas Wermut essen, und in einen sauren Apfel beißen musste«, er nun aber gestärkt seine Amtsgeschäfte wieder führen kann.

Die biblische Auslegung vom sündigen Apfelgenuss kam erst im 5. Jahrhundert n. Chr. auf, vielleicht weil dieses Obst so verlockend saftig, süß und rund war und damit an die Reize der weiblichen Brust erinnerte. An diese dachte jedenfalls Goethe, der seinen Faust träumen lässt: »Da sah ich einen Apfelbaum, zwei schöne Äpfel glänzten dran, sie reizten mich, ich stieg hinan.« Der Apfel, seit jeher Symbol für Liebe und Fruchtbarkeit, galt gleichzeitig auch als Sinnbild für den Sündenfall. Allerdings wird die verbotene Frucht des Paradieses in der Bibel nicht namentlich genannt. Erst spätere Deutungen haben aus der Frucht der Erkenntnis einen Apfel gemacht, und weil Adam ein Bissen der verbotenen Frucht im Hals stecken geblieben sein soll, haben heute alle Männer einen Adamsapfel. Medizinisch betrachtet, ist der Adamsapfel allerdings lediglich ein vorspringender Knorpel des Kehlkopfes, der nur bei Männern sichtbar ist, weil sich bei ihnen in der Pubertät der Kehlkopf vergrößert und dadurch eine tiefere Stimme entsteht.

In der Antike waren Äpfel sehr kostbar, und bei den Griechen galten sie als Aphrodisiakum. Wollte ein Hellene sich verloben, so warf er seiner Angebeteten angeblich einen Apfel zu, und wenn sie ihn auffing, war die Antwort positiv. Auch in der Hochzeitsnacht sollten Braut und Bräutigam sich einen Apfel teilen. In Europa wurde die Symbolkraft des Apfels im Mittelalter noch ausgeweitet. In fast jeder Lebenssituation galt das

Obst als wegweisendes Orakel, und wenn die Form der Apfelschale den falschen Bräutigam oder ein zerschnittener Apfelkern den nahen Tod prophezeite, hieß das, man konnte sein Schicksal nicht abwenden und musste wohl oder übel in den sauren Apfel beißen.

Die Geschichte des Apfels beginnt in Zentral- und Westasien, wo um 10 000 v. Chr. auf dem Gebiet des heutigen Kasachstan Apfelbäume wuchsen, die auch der Hauptstadt ihren Namen gaben, »Almaty«, früher »Alma-Ata«, heißt übersetzt »Stadt des Apfels«. Der asiatische Urapfel war recht klein und holzig, hatte viele Kerne und schmeckte sehr sauer. Über die alten Handelsstraßen gelangte er schon in der Antike in den Schwarzmeerraum und wurde dort von Griechen und Römern kultiviert. Schließlich entwickelte sich der süße Apfel, wie wir ihn heute kennen.

Von Italien aus gelangte der Apfel mit den Feldzügen der Römer etwa um 100 v. Chr. nach Nordeuropa und erlangte dort auch bei den Kelten und Germanen schnell mystischen Status. Für die Kelten war der Apfel ein Symbol für Tod und Wiedergeburt, bei den Germanen wachte die Göttin Iduna über goldene Äpfel, die Unsterblichkeit verleihen konnten. Im 1. Jahrhundert n. Chr. wurden bereits im gesamten Rheintal Apfelbäume kultiviert, dennoch blieb die Frucht bis in die Neuzeit hinein ein Luxusobjekt und galt als Herrschaftssymbol. Als Ausdruck der Weltherrschaft gehörte der »Reichsapfel« zusammen mit Krone und Zepter zu den Insignien des Heiligen Römischen Reiches Deutscher Nation.

Am Anfang waren es vor allem Mönche, die sich dem Apfelanbau widmeten, wobei das Obst im Lauf der Zeit bei der Ernährung eine immer wichtigere Rolle spielte.

Landmann und Adel schätzten den Apfel gleichermaßen, roh, gerieben, gebraten, als Mus oder Kompott und auch als Apfelwein wurde er genossen. Schon früh erkannte man seine heilende Wirkung bei Verdauungsstörungen oder Fieber, und so gehörte bald in jeden Garten ein Apfelbaum. Bis heute kennt jeder Engländer den Reim »An apple a day keeps the doctor away«, ein Rat, der auf Deutsch etwas holpriger klingt, dennoch gilt auch bei uns die Empfehlung: »Ein Apfel täglich, und keine Krankheit quält dich.«

Auch wenn der Apfel manchmal sauer ist, ist es nicht immer unangenehm hineinzubeißen. Der Legende nach zog der heilige Nikolaus in der Weihnachtszeit dick vermummt durch Myra und legte natürlich keine sauren, sondern vergoldete Äpfel und Nüsse vor die Hütten der Armen, und in vielen deutschen Regionen war es an Heiligabend Brauch, sich mit einem kräftigen Biss in einen Apfel für das kommende Jahr viel Glück zu wünschen.

In der Kürze liegt die Würze

Die Ballade »Der Taucher« von Friedrich Schiller hat siebenundzwanzig Verse. Zu viele, wird sich mancher Schüler gedacht haben, was schließlich zur einer prägnanten, fast jedermann bekannten, überzeugend kurzen Zusammenfassung führte: »Der Taucher … Gluck, gluck, weg war er!« Hier stimmt der Satz »In der Kürze liegt die Würze«, und tatsächlich ist ein Klassiker Ursprung dieser Redewendung. Die Tragödie »Hamlet, Prinz von Dänemark« von William Shakespeare liefert eine ganze Sammlung von Sprüchen und Zitaten, die weltberühmt geworden sind. Unter anderem: »Sein oder Nichtsein, das ist hier die Frage«; »Etwas ist faul im Staate Dänemark«; »Schwachheit, dein Name ist Weib« oder auch »Der Rest ist Schweigen«. Ein weniger bekannter Ausspruch in diesem Stück lautet: »Weil Kürze denn des Witzes Seele ist, … fass ich mich kurz.« Zwar hat nicht die Hauptfigur Hamlet diesen Satz gesprochen, sondern Lord Polonius, und obwohl dessen angenehm kurzes Zitat schon über vierhundert Jahre alt ist, war es nie so aktuell wie heute.

Allgemein gilt, dass eine knappe Darstellung, das heißt eine Konzentration auf das Wesentliche, meistens treffender ist als eine ausführliche Erklärung. Den Wesenskern, also den Hauptinhalt einer Sache, bezeichnen wir als Quintessenz. Der Begriff geht auf Aristoteles und seine Vier-Elemente-Lehre von Feuer, Wasser, Erde, Luft zurück, denen der Äther als fünfte Wesenheit – auf Latein *quinta essentia* – zugrunde liegt und sie durchdringt. Später wandelte sich die Bedeutung des Wortes Quintessenz hin zu einem Synonym von Kernpunkt, Endergebnis, Hauptgedanke, Wesen einer Sache.

Das Wesentliche zu kommunizieren, war zu keiner Zeit so modern wie heute. Mit dem Siegeszug des Handys ist das Simsen, also das Verschicken einer Nachricht per SMS, zum wichtigsten Kommunikationsmedium geworden. Nie wurde in weniger Worten, nie präziser formuliert, denn die digitale Kurznachricht darf maximal 160 Zeichen umfassen, und es erfordert schon einiges an Nachdenken und Tüfteln, um sein Anliegen vollständig und dennoch kurz und bündig zu übermitteln. Viele behaupten sogar, dass die Abkürzung SMS nicht nur für »Short Message Service« steht, sondern, dass auch »Sinnieren, Modifizieren, Senden« dazugehört, um von seinem Empfänger verstanden zu werden. Fakt ist, Kürze gilt heute als erstrebenswert, denn wenn schon Informationsüberflutung, dann wenigstens in kleinen Häppchen.

Der Kürze zuliebe darf allerdings nicht die Würze, das heißt das Wesentliche, verlorengehen. Wer die Quintessenz nicht vermitteln kann, darf sich nicht wundern, wenn er nicht verstanden wird.

In Teufels Küche kommen

Teuflisch geht es in vielen Redensarten zu, die Macht des Bösen scheint in der Umgangssprache allgegenwärtig. Satan, Luzifer, Beelzebub, Mephistopheles – der Teufel trägt mehr Namen als alle anderen mythologischen Gestalten, und jede Bezeichnung hat ihre Bedeutung und Geschichte. Im Alten Testament erscheint der Teufel als Rebell, Verführer und Ankläger. Seinen großen biblischen Auftritt hat er im Buch Hiob, wo er als Satan ein durchaus geachtetes Mitglied in Gottes Hofstaat ist. Immer wenn in der Bibel »Satan« steht, stammt der ursprüngliche Text aus dem Hebräischen. Satan bedeutet »Widersacher« im Sinn eines Richters, der Fangfragen stellt oder Rätsel aufgibt, um zu prüfen, ob jemand ehrlich ist oder nicht. Auch der Beelzebub kommt aus dem Hebräischen, und in der Bibel gilt er als der mächtigste unter den falschen Göttern. Bei seinem Namen handelt es sich vermutlich um eine Verhöhnung des Götzen Baal, dessen vollständige

Bezeichnung Baal Zebub war, was »erhabener Herr« heißt. Für die mittelalterlichen religiösen Autoritäten war Beelzebub eine Art Wolpertinger, denn sie beschrieben ihn als riesige Gestalt mit zwei großen Hörnern und breiten, fledermausartigen Schwingen, mit Entenfüßen, einem Löwenschwanz und dichtem schwarzem Haar. Das deutsche Wort »Teufel« schließlich leitet sich vom griechischen Begriff *diábolos* ab, was so viel wie »Feind« oder »Verleumder« bedeutet.

Egal, wie man den Widersacher des Guten nun nennt, fest steht, dass sein Zuhause die Hölle ist. Deswegen gilt für Gläubige und Ungläubige gleichermaßen, wer in Teufels Küche kommt, der ist übel dran und in allerhöchster Gefahr. Denn man befindet sich im Zentrum der Hölle, ausgesetzt allen Qualen und Martern, die dort bereitgehalten werden. Noch im 16. Jahrhundert galt die Hölle als der Ort, wo der Teufel sein Süppchen aus den Eingeweiden der Sünder kochte und aus ihren Seelen Brot gebacken wurde. Die Horrorszenarien der Hölle sind die schlimmsten Auswüchse der abendländischen Kulturgeschichte, und noch bis vor wenigen Jahrzehnten war dieser Ort für strenggläubige Katholiken ein ganz realistischer Angsttraum.

Es gibt aber auch eine irdische, ganz reale Zweigstelle der Teufelsküche, und sie ist nicht weniger unangenehm, denn wer dort landet, befindet sich in großer Verlegenheit oder höchster Gefahr.

Ins Fettnäpfchen treten

Wer sich gut benehmen kann, wird im Alltag selten durch unbedachtes Verhalten Anstoß erregen. Im Umgang mit verschiedenen Menschen, insbesondere anderen Kulturen, gilt es, das eigene Verhalten zu kontrollieren. Eines ist wohl unbestreitbar: Je mehr man von seinem Gegenüber weiß, desto leichter gelingt ein reibungsloses Miteinander. Wichtige Eckpunkte korrekten Benehmens sind Pünktlichkeit, Höflichkeit, Aufgeschlossenheit und Aufmerksamkeit. Wer glaubt, im Alltag seien Rücksichtnahme auf andere und gute Umgangsformen nicht so wichtig, der kann leicht in ein Fettnäpfchen treten.

Die heutigen Fettnäpfchen sind unsichtbar, doch ursprünglich waren sie einmal real und gehörten zur bäuerlichen Tradition im Erzgebirge. In jeder Stube stand zwischen Eingangstüre und Ofen ein Schälchen mit Fett, und damit niemand an die kleine Schüssel anstieß, stellte man sie immer in die Nähe der Wand. Wenn der Bauer heimkam, zog er seine nassen Stiefel aus und rieb sie sofort mit dem bereitgestellten Fett ein, damit das Leder nicht brüchig wurde.

Auch heute noch werden hart gewordene feste Lederstiefel zunächst mit Seife abgewaschen und danach mit Lederfett eingerieben. Allerdings wird heute niemand mehr ein Fettnäpfchen in die Wohnzimmerecke stellen, denn dieser Brauch sorgte in mancher erzgebirgischen Bauernfamilie für Verdruss. Wer nämlich versehentlich durch einen ungeschickten Tritt den Napf umkippte und das Fett sich daraufhin auf die gescheuerten Dielen ergoss, der musste mit dem Ärger der Hausfrau rechnen.

Unannehmlichkeiten bekommt man auch heute, wenn man »ins Fettnäpfchen tritt«. Dann hat zwar niemand ein Fettschüsselchen umgekippt, aber mit Sicherheit etwas wirklich Peinliches gesagt oder getan.

Ins Gras beißen

Egal, ob jemand in der Wüste verdurstet, im ewigen Eis erfroren oder im Ozean ertrunken ist, wir können immer auch sagen, jemand habe ins Gras beißen müssen. Der Widerspruch von tatsächlichem Geschehen und Aussage ist ohne Belang, denn die Redensart »Ins Gras beißen« steht heute in jedem Fall für eines: sterben. Es handelt sich dabei um eine Verallgemeinerung des Soldatentods, wobei das Sterben eher sportlich und furchtlos gesehen wird, was mit der lapidaren Aussage, man habe noch lange nicht vor, ins Gras zu beißen, ausgedrückt wird.

Möglicherweise bezieht sich die sprichwörtliche Redewendung auf den Mythos vom tapferen Ritter und der engen Beziehung zu seinem Pferd. Damit sein Ross bei Kräften blieb, musste es fressen, also musste der Ritter runter vom Ross, damit das Pferd genüsslich ins Gras beißen konnte. Später war es nicht nur das rastende Ross, das ins Gras biss, sondern auch der Reiter, der tödlich getroffen vom Pferd fiel und angeblich schnell noch etwas Wegzehrung zu sich nahm.

Vor dem endgültigen Dahinscheiden ins Gras zu beißen, das heißt, ein Büschel Gras in den Mund oder in die Hand zu nehmen, um bedingungslose Unterwürfigkeit zu zeigen, war ein beliebter heidnischer Brauch.

Diese vorchristliche Tradition war Ideengeber für das mittelalterliche Ritual, einem ohne priesterlichen Beistand Sterbenden, in Ermangelung der Hostie, einen Erdbrocken in den Mund zu stecken. Man glaubte, dass die Wirkung dieselbe sein werde wie beim Genuss des Sakraments, denn die Erde galt als Leib des göttlichen Urwesens, und wer sie im Angesicht des Todes aß, war bereit für das zukünftige Leben.

Auch Homer und Vergil berichteten über schwer verwundete Krieger, die im letzten Todeskampf Sand, Erde oder Gras mit dem Mund aufnehmen und sich darin festbeißen. Ebenso beschreibt der dänische Geschichtsschreiber Saxo Grammaticus im 13. Jahrhundert in seinem historischen Bericht über den Heldentod des Dänen Skarkather, wie sich nach dem Fall des abgeschlagenen Heldenkopfes auf das Gras dessen Zähne darin festbissen.

Wer ins Gras beißen muss, ist zumindest dem Tod sehr nah, das galt vor allem in Zeiten großer Hungersnöte, wo es oft nichts anderes als Grashalme gab, um den Hunger zu stillen. Doch diese Mahlzeit konnte in der Regel niemand vor dem Tod bewahren, das Gras war also eher der Anfang vom Ende. Denn schließlich treten alle mit dem kühlen Erdreich zumindest dann in Berührung, wenn die Schaufel des Totengräbers zum Einsatz kommt.

Irish Coffee

Begeistert über Charles Lindberghs Soloflug über den Atlantik, investierte die amerikanische Wirtschaft enorme Summen in die Flugzeugindustrie und den Ausbau ihrer Fluglinien. 1927, schon wenige Tage nach dem spektakulären Alleinflug über den Nordatlantik, wurde eine neue Gesellschaft gegründet, die Transcontinental Air Transport, später wurde daraus die Transworld Airlines mit ihren legendären Stewardessen im schicken Kostüm und dem nie versiegenden Lächeln. Obwohl die Sitzreihen damals noch nicht den Abstand »Knie unters Kinn« hatten, war es mit der Gemütlichkeit auf den seit den 1940er Jahren regelmäßig durchgeführten Transatlantikflügen dennoch nicht weit her. Auch das süßeste Lächeln der Flugbegleiterinnen konnte nicht darüber hinwegtrösten, dass die Fluggäste jämmerlich froren. Auf dem Weg von den USA nach Europa gab es in luftiger Höhe weder beheizte Kabinen noch warme Mahlzeiten oder Getränke. Alle Passagiere warteten natürlich ungeduldig auf die damals noch nötige Zwischenlandung, um den Tank aufzufüllen, und die während der Wartezeit in Aussicht gestellte Tasse wärmenden Tees.

Es war reiner Zufall, dass man für diese Zwischenlandung Irland gewählt hatte, doch wenn eins der Flugzeuge landete, war es – typisch irisch – nass und kalt. Die Passagiere kamen also sprichwörtlich vom Regen in die Traufe. Beim Anblick der müden und frierenden Reisenden kam Joe Sheridan, in den späten 1940er Jahren Chef des damaligen irischen Flughafens Foynes, auf die Idee, den Passagieren zur Begrüßung nicht nur etwas Warmes, sondern gleichzeitig auch etwas Aufheiterndes anzubieten.

Aufgrund der tausendjährigen irischen, hochprozentigen Trinktradition durfte das Getränk natürlich nicht alkoholfrei sein, außerdem gehörte ein anerkannter Muntermacher dazu, und zur Steigerung des Glücksgefühls wurden Zucker und Sahne beigefügt. Irish Coffee nannte der Airportchef seine Kreation. In Irland war das heiße Gebräu mit der weißen Haube bis weit in die Mitte des 20. Jahrhunderts völlig unbekannt, doch viele glauben bis heute, es handle sich um ein altes irisches Nationalgetränk. Die köstliche Mischung hatte allerdings nie zuvor einen irischen Pub gesehen, sie wurde erstmals in der Geburtsstunde des Jetset-Zeitalters zur Freude frierender Fluggäste serviert.

Rezept Irish Coffee

FÜR EINE PORTION:

40 ml Irish Whiskey	300 ml starker,
2–3 TL Rohrzucker	heißer Kaffee
(brauner Zucker)	Schlagsahne

Whiskey leicht anwärmen, in ein Glas geben und mit Rohrzucker verrühren. Das Glas bis kurz unter den Rand mit Kaffee auffüllen und mit einer Sahnehaube versehen. Die Sahne nur leicht anschlagen und über einen Löffelrücken laufen lassen, mit Schokoraspeln oder Kakaopulver garnieren.

J

Jemandem auf den Keks gehen

Das englische Wort *cake*, das in Großbritannien für Kuchen schlechthin verwendet wird, bezeichnete im Deutschen nur ein bestimmtes, fabrikmäßig hergestelltes, feines trockenes Gebäck. Seine grammatikalische und orthografische Form verursachte lange Zeit Verwirrung. Der Keksfabrikant Hermann Bahlsen hatte das englische Pluralwort *cakes* Ende des 19. Jahrhunderts eingedeutscht, doch die darauffolgende grammatikalische Bestimmung des Duden für eine deutsche Version des Wortes, »der Kek, die Keks«, wurde abgelehnt.

Auf Veranlassung von Fremdwortgegnern wurde im Jahr 1903 von der Bielefelder Cakes- und Biskuitfabrik Stratmann & Meyer ein Preis von tausend Mark für eine deutsche Entsprechung des Begriffs Cakes ausgesetzt. Mehr als hundertmal wurde das Wort »Knusperchen« vorgeschlagen, für das sich schließlich das Preisgericht entschied. Man nannte sich nun folgerichtig Bielefelder Knusperchenfabrik, kam aber dennoch nicht zur Ruhe, denn Knusperchen wurde keineswegs uneingeschränkt akzeptiert. Vor allem die Bayern fanden, das Wort klinge abartig und lächerlich. Es fand daher erneut ein Wettbewerb statt, bei dem die Bezeichnung

»Reschling« als Sieger hervorging. Der Reschling konnte sich allerdings genauso wenig durchsetzen wie der Vorschlag »der Knups, die Knupse«. Im Jahr 1919 wurde schließlich das englische *cake* als deutscher »Keks« offiziell im Duden aufgenommen, und die Form »der Keks, die Kekse« hat sich schließlich allgemein durchgesetzt, wobei die ganze Prozedur den Duden-Redakteuren wahrscheinlich ziemlich auf den Keks gegangen ist.

Die genaue Herkunft der Redewendung »Du gehst mir auf den Keks« ist unklar. Fest steht, dass sie relativ neu ist und erst in der zweiten Hälfte des 20. Jahrhundert populär wurde. Seit 1935 kennt man in England umgangssprachlich die Bezeichnung *nutty as a fruit-cake* für verrückte – auf Englisch *nutty* – Personen, wobei mit dem Begriff *fruitcake* in England ebenfalls ein seltsamer, exzentrischer Mensch bezeichnet wird.

Im Deutschen kennen wir den Ausdruck, er hat einen »weichen Keks«, der ebenfalls besagt, dass jemand nicht recht bei Verstand ist. Es wird also ein Zusammenhang zwischen einem Keks und dem Kopf beziehungsweise den etwas angespannten Nerven hergestellt. Möglicherweise wurde aus dem Exzentriker, der »einen weichen Keks hat«, später dann eine Person, die einem »auf den Keks geht«.

Jemandem bleibt der Bissen im Hals stecken

Die Praktiken der Wahrheitsfindung waren in früheren Zeiten häufig nicht gerade von zarter Natur. Wenn auch nicht immer gefoltert wurde, so waren die meisten Verfahren doch eine Gratwanderung auf Leben und Tod. Im altgermanischen Recht gab es beispielsweise eine spezielle Prozedur, um zu überprüfen, ob ein Mensch die Wahrheit sagte. Zu diesem Zweck wurde dem Beschuldigten ein großer, trockener Batzen mit der Aufforderung in den Mund gelegt, die komplette Portion hinunterzuschlucken. Gelang dies, so galt die Unschuld des Angeklagten als bewiesen. Geriet er allerdings in Atemnot oder verschluckte er sich gar, galt der Delinquent als schuldig.

Für die vermeintliche Herbeiführung eines Gottesurteils kam diese zweifelhafte Tradition im inquisitionsfreudigen Mittelalter gerade recht. Quellen zufolge konnte der sogenannte Probebissen willkürlich gewählt werden und beliebig groß sein. Er bestand meist aus trockenem Brot, und wer während des Urteils husten oder gar würgen musste, wem also der Bissen im Hals stecken geblieben war, galt als überführt – und das Todesurteil war gesprochen.

Auch wenn die Redewendung sich aus dieser lebensbedrohlichen Situation entwickelt hat, so findet sie im heutigen Sprachgebrauch doch bei wesentlich harmloseren Umständen Anwendung. Wenn uns heute sprichwörtlich der Bissen im Hals stecken bleibt, dann sind wir lediglich unangenehm überrascht und empfinden großes Unbehagen.

Jemandem nicht das Wasser reichen können

Im Mittelalter wurde selbst in der vornehmen Gesellschaft mit den Fingern gegessen, man teilte sich mit seinem Nachbarn oder seiner Nachbarin zuweilen den Löffel und das Trinkgefäß und griff mit den Händen in die gemeinsame Schüssel, um sich wie die anderen Gäste die Fleischstücke aus dem großen Topf zu holen. Den fetttriefenden Mund wischte man mit den Kleidern ab, und jedem Rülpser oder anderen Geräusch wurde freier Lauf gelassen. Andererseits war das Mittelalter auch die Blüte der kultivierten Minnesänger, der Wissenschaft und Forschung sowie der ersten Benimmregeln.

Erste geregelte Tischsitten entstanden um das Jahr 1200 und galten zunächst nur für den Adel, später beherzigten jedoch auch Bürger und Bauern einige dieser Benimmregeln. Unter anderem war es unschicklich, lange, schmutzige Fingernägel zu haben und sich laut in die Hand zu schnäuzen. Wenn sich das Schnäuzen absolut nicht vermeiden ließ, so sollte zumindest nicht die Hand benutzt werden, die das Fleisch anfasste. Das Spucken über und unter den Tisch war streng untersagt, auch gehörten Speisereste nicht mehr unter die Tafel. Wer die Messerspitze zum Reinigen der Zähne benutzte oder sich die fettigen Finger abschleckte, galt nun als ordinär.

Mit der Zeit wurden die Tafelsitten zunehmend eleganter, und weil es immer noch kein Besteck gab, wollte man sicher sein, dass alle Teilnehmer saubere Hände hatten. Für jede Speisenfolge wurden den Gästen nun eine Wasserschale und ein Tuch gereicht, um die Hände zu reinigen. Dem jeweiligen Adligen durfte nur ein absolut standesgemäßer Diener das Wasser reichen. Wer in der Rangordnung nicht dem Niveau der Gäste entsprach, galt als unwürdig und durfte folglich das Wasser auch nicht reichen. Schon Goethe lässt seinen Faust fragen: »Aber ist eine im ganzen Land, die meiner trauten Gretel gleicht, die meiner Schwester das Wasser reicht?«, und bis heute gilt die Redewendung »Er kann ihm nicht das Wasser reichen«, wenn jemand einem anderen nicht ebenbürtig ist oder nicht die gleiche Leistung erbringen kann.

Jetzt geht's ans Eingemachte

Für viele Generationen war das Bevorraten und Haltbarmachen von Lebensmitteln eine Überlebensfrage. Wer nicht wusste, wie und wo man Kartoffeln, Kraut und Rüben über längere Zeit lagern konnte, wie man aus Äpfeln, Birnen und Pflaumen Kompott machte oder Marmelade einkochte, dessen Speiseplan sah im Winter recht übersichtlich aus. Und weil die Hühner im Winter weniger Eier lieferten, sorgte die kluge Hausfrau vor und legte einen kleinen Vorrat an Eiern in einen Tonkrug, den sie mit Kalkwasser auffüllte.

Die Herstellung von Lebensmitteln war früher mit viel Arbeit verbunden, was den Blick für ihren Wert schärfte. Erst die Methode, Gläser mit Gummiring und Blechdeckel zu versehen, sie mit einem Gegenstand zu beschweren und im Wasserbad zu erhitzen, machte die Sache einfacher. Die Einmachgläser und Einmachgeräte, die Johann Weck vertrieb, bereicherten nicht nur

Küche und Keller, sondern auch unsere Sprache um die Wörter »Weckglas« und »einwecken«.

Das Eingemachte sorgte für die notwendigen Mengen an Vitaminen und Kohlenhydraten im Winter, als es noch keine Obst- und Gemüseeinfuhr aus südlichen Ländern gab. Es stellte gewissermaßen die eiserne Reserve dar. Heute ist alles unglaublich bequem und einfach geworden, die Milch kommt aus der Tüte und das Sauerkraut aus der Dose, dennoch hat sich die kollektive Erinnerung an die Mühsal der althergebrachten Praktiken der Vorratshaltung in einer Redewendung erhalten. Wer heute ans Eingemachte geht, der greift die letzte Reserve an, kratzt an der überlebensnotwendigen Substanz, die Spargroschen werden aufgebraucht, die Rücklagen schwinden.

Die Redewendung »Jetzt geht's ans Eingemachte« hat aber auch eine nicht materielle Bedeutung. Man wendet sie für Situationen an, in denen es nicht nur um Belanglosigkeiten geht, sondern etwas ganz Wichtiges geklärt werden muss.

Kaiserschmarrn

Wiener Mehlspeisen sind nicht irgendeine alltägliche Nahrung, um den Hunger zu stillen, sie sind ein Sinnbild für die österreichisch-barocke Lebensart überhaupt. Keiner kann sagen, wann die Lust auf Süßigkeiten erwachte, vielleicht waren es die byzantinischen Gattinnen der Babenberger Herzöge im 12. und 13. Jahrhundert, die Lust auf Naschwerk in Wien eingeschleppt hatten, oder es war der in Spanien aufgewachsene Ferdinand I., der bei den Habsburgern den bis dahin unbekannten Beruf des Zuckerbäckers am Hof einführte.

Eine besondere Glanzzeit erlebten die süßen Mehlspeisen in der Epoche von Kaiser Franz Joseph I., was ganz und gar nicht den Essgewohnheiten seiner Braut, der bayerischen Prinzessin Sissi, entsprach. Schließlich wollte sie ihre legendäre Wespentaille von weniger als fünfzig Zentimetern Umfang nicht ruinieren. Obwohl alle von der strikten Diät der zarten Prinzessin Elisabeth wussten, wollten die Hofköche die Braut anlässlich der Hochzeit mit Kaiser Franz Joseph I. mit einer besonderen »Composition« der Wiener Küche überraschen. Das kulinarische Highlight war eine lockere Mehlspeise aus Eiern, Zucker und Milch, verfeinert mit Rosinen, in Butter gebacken und mit Puderzucker bestäubt. Doch die Prinzessin rümpfte das Näschen und schob den Teller zur Seite. Die Rettung kam von der kaiserlichen Hoheit persönlich, Franz Joseph I. nahm eine Gabel, probierte, und es schmeckte ihm so gut, dass er die Mehlspeise, die von nun an Kaiserschmarrn genannt wurde, fortan zu seinem Leibgericht erklärte.

Die hübsche Geschichte vom genießerischen Kaiser und seiner asketischen Gemahlin ist möglicherweise Unfug, also »a echter Schmarrn«, wie man in Wien sagt, denn an anderer Stelle heißt es, dass Kaiser Franz Joseph für sich ganz alleine zum Nachtisch Pfannkuchen wünschte. Sein Chefkoch bereitete ihm die Süßspeise zu, jedoch passierte ihm dabei ein Missgeschick, denn beim Wenden zerriss der Pfannkuchen in lauter kleine Stücke.

Wütend über seine Ungeschicklichkeit stülpte der Koch die silberne Servierglocke über das misslungene Dessert und verließ die Küche. Kurz darauf sah der Kammerdiener des Kaisers die Speiseglocke und nahm den seiner Ansicht nach fertigen Nachtisch, um ihn dem Kaiser zu servieren.

Als vor Franz Joseph die Glocke angehoben wurde und er den zerbröckelten Pfannkuchen erblickte, rief er überrascht typisch wienerisch aus: »Sag er mir, was ist denn das für ein Schmarrn?« Geistesgegenwärtig antwortete der Kammerdiener: »Gestatten, Majestät, das ist ein Kaiserschmarrn!«, und schon war aus der Küchenpanne eine neue Kreation geworden.

Neben den Legenden über die Erfindung des Kaiserschmarrns aus der Hofburg gibt es auch eine Variante über eine bäuerliche Herkunft. »Schmarrn« kennt man schon lange in den österreichischen Bergen, es ist ein einfaches Gericht aus Mehl, Milch, Butter und Eiern, alles Zutaten, die es auf der Alm immer gab. Die Speise, mal süß, mal salzig zubereitet, hieß »Kaserschmarrn«, benannt nach den »Kasern«, wie Senn und Sennerin in Österreich auch genannt wurden.

Vielleicht kannten auch die Köche in der Stadt das bäuerliche Rezept und haben es verfeinert. Irgendwann wurde dabei aus dem bäuerlichen Kaserschmarrn ein fürstlicher Kaiserschmarrn, fest steht jedenfalls, er war das Leibgericht von Kaiser Franz Joseph I.

Rezept Kaiserschmarrn

FÜR VIER PERSONEN:

120 g Mehl	4 Eier
30 g Zucker	50 g Butter
etwas Salz	30 g Rosinen
125 ml Milch	Staubzucker

Die Eier trennen. Zucker und Eier cremig schlagen. Milch und Mehl gemischt mit dem Salz löffelweise dazugeben und immer wieder glattrühren.
Eischnee steifschlagen, lose unterziehen. In einer Pfanne Butter schäumen, den Teig darin ausgießen, leicht anbacken lassen, die Rosinen darüberstreuen und wenden.
Die Pfanne in den heißen Ofen stellen und die Oberfläche gelb werden lassen. Anschließend in ungleichmäßig große Stücke reißen und anrichten.
Mit Puderzucker bestäuben.

Keinen Pfifferling wert sein

Dem Pfifferling wurde bereits im 16. Jahrhundert von dem Schweizer Naturarzt Bauhin der lateinische Name *Cantharellus cibarius* gegeben, wobei der Zusatz *cibarius* so viel wie »essbar« bedeutet. In Deutschland ist der Pilz auch als »Eierschwamm« bekannt, ein Name, den er wegen seiner Farbe, die der des Eigelbs nahe kommt, erhielt. Der Pfifferling ist heute eine kostspielige Delikatesse, und die Redewendung »Das ist keinen Pfifferling wert« muss also schon vor langer Zeit entstanden sein.

Ob es tatsächlich einen Zusammenhang zwischen der Redewendung und dem Pilz gibt, ist allerdings sowieso umstritten. Die Vermutung, dass sie auf das reichliche Angebot dieses Pilzes in früheren Zeiten zurückzuführen ist, liegt zwar auf der Hand, wahrscheinlicher ist aber die Ableitung aus einer regionalen Variante des südwestdeutschen Dialekts, wo das Fünfpfennigstück Fünferle genannt wurde, was sich wahrscheinlich für nichtschwäbische Ohren wie Pfifferle anhörte.

Wegen der lautmalerischen Ähnlichkeit des geringwertigen Pfifferles mit dem Pilz entstand die Redewendung »Das ist keinen Pfifferling wert!«, womit man umgangssprachlich eine geringe Wertschätzung gegenüber einer Sache oder einer Person ausdrückt.

Ketchup

Ketchup, die urtypische amerikanische Sauce zur geschmacklichen Verfeinerung von Grillfleisch und Fastfood, die wie kein anderes Produkt Amerika symbolisiert, hat wie die meisten Amerikaner auch einen Migrationshintergrund. So wie man Chutney, die süß-saure Sauce, aus Indien einführte, brachten Seefahrer Ketchup im 18. Jahrhundert aus dem damals unter britischer Herrschaft stehenden Singapur nach Europa. Ursprünglich handelte es sich um eine eingedickte Würzsauce aus Öl, Pfeffer, Essig und einer Paste aus getrockneten Sardellen, die in China bereits um 300 v. Chr. bekannt war. Das Wort Ketchup ist vom chinesischen *Ke tsiap* abgeleitet, was so viel wie »Fischtunke« bedeutet. Die Engländer verfeinerten diese Fischtunke mit Zucker und fügten Pilze hinzu, um einen milderen Geschmack zu erreichen.

Die Amerikaner schließlich nannten die Würze *Cat's up* und veränderten erneut das Rezept, indem Essig, Salz, Gewürze, Zimt, Zwiebeln und Sellerie sowie satte zwanzig Prozent Zucker hineingerührt wurden und natürlich der neue, bis heute wesentliche Bestandteil, die Tomaten! In Neuengland wurde Ende des 18. Jahrhundert erstmals mit Tomaten experimentiert, nachdem klar geworden war, dass nur die unreifen Früchte giftig waren, die reifen roten Tomaten dagegen nicht nur köstlich schmeckten, sondern auch, wie wir heute wissen, sehr gesund sind. Im Jahr 1792 wurde erstmals ein Rezept für die aufwendige Prozedur zur Herstellung der Würzsauce »catsup« veröffentlicht.

Mit der industriellen Massenproduktion von Tomatenketchup wurde Ketchup weltberühmt. Doch sein Erfolg beruhte nicht nur auf einer gelungenen Abstimmung der Gewürze, sondern auch auf der 1876 von Henry John Heinz erfundenen durchsichtigen Flasche. Ursprünglich waren die individuellen Kompositionen der jeweiligen Hersteller in Fässchen verborgen. In der Glasflasche von Henry John Heinz jedoch war der hohe Gehalt an Tomaten leicht zu erkennen, und der langgezogene Hals brachte die dickflüssige Beschaffenheit gut zur Geltung, wobei der zähe Ketchup durch ausgiebiges Schütteln dünnflüssiger wird. In Amerika hat fast jeder Haushalt eine Flasche Ketchup in der Küche, man kann ihn als Basiswürze ähnlich dem europäischen Senf bezeichnen, wobei Ketchup-Fans ihn besonders zu Pommes frites oder Hamburgern schät-

Rezept Tomatenketchup

FÜR ZWEI PERSONEN:

1,5 kg Tomaten	*1 TL Pfeffer aus der Mühle*
1–2 mittelgroße bis große	*2 TL mittelscharfer Senf*
fein gehackte Zwiebeln	*1 EL Salz*
300 ml Apfelessig	*40 g Zucker*
½ Apfel	*2 EL Olivenöl*

Die fein gehackten Zwiebeln in Olivenöl glasig dünsten. Tomaten in Stücke schneiden, mit Haut und Kernen dazugeben. Nach etwa fünf Minuten Apfel, Essig, Senf, Salz, Pfeffer und Zucker dazugeben. Alles langsam auf kleiner Flamme zu einem dicken Brei einkochen, durchseihen. Heiß in gründlich ausgespülte Flaschen füllen.

zen. Sein Erfolg ist jedoch wohl hauptsächlich dem süßen Geschmack zuzuschreiben, der reichlich vorhandene Zucker sorgt andererseits aber auch für den schlechten Ruf der Würzsauce. Doch trotz aller Kritik ist Ketchup so beliebt, dass weltweit 650 Millionen Flaschen jährlich davon verkauft werden, das sind mehr als zwanzig Flaschen pro Sekunde.

Klar wie Kloßbrühe

Die Mönchskutte hatte im Mittelalter einerseits den Zweck, Bescheidenheit zu signalisieren, zum anderen schmeichelte sie durch ihren üppigen Faltenwurf der Figur und verlieh den Mönchen damit sichtbare Würde. Schwergewichtige Ordensmänner scheinen damals durchaus die Regel gewesen zu sein. Für den dicken Bauch des angeblich dreihundert Pfund schweren Dominikanermönchs Thomas von Aquin soll extra eine Ausbuchtung in den Tisch gehobelt worden sein, damit er trotz seines gewaltigen Umfangs mit seinen Mitbrüdern an der gemeinsamen Tafel im Refektorium speisen konnte. Um der klösterlichen Völlerei Grenzen zu setzen, hatte der heilige Benedikt, Patriarch des europäischen Mönchtums, schon im 6. Jahrhundert allen Mönchen und Nonnen vorgeschrieben, zur Hauptmahlzeit lediglich zwei gekochte Speisen zu verzehren und auf den Genuss des Fleisches von Huftieren ganz zu verzichten. Für den Speiseplan blieben also nur Vögel und Wassertiere, folglich jagten die Mönche mit Vorliebe Biber und Fischotter, sodass deren Bestände schon im frühen Mittelalter gefährdet waren.

Trotz des Küchenbanns wurden immer wieder einmal auch Wald- und Wiesentiere serviert, wobei man den schmackhaften Braten oft kunstvoll unter einem Teigmantel versteckte und als Pastete in Form eines Fischs servierte. Besonders während der langen Fastenzeit war laut Vorschrift nur leichte Kost gestattet, auf keinen Fall Fleisch. Erst im Hochmittelalter lockerten sich die Fastenvorschriften zunehmend, und auf dem Speisezettel vom Kloster Tegernsee findet man im 14. Jahrhundert Käsesuppen und Eierspeisen und schließlich auch mal eine klare Brühe, deren Grundstoff selbstverständlich ausschließlich Gemüse war.

Klar wie Klosterbrühe könnte also die ursprüngliche Bedeutung der scherzhaft gebrauchten Redewendung »klar wie Kloßbrühe« gewesen sein. Allerdings lässt die Schreibweise auch einen anderen Schluss zu, denn eine Brühe, in der Klöße gekocht wurden, ist stets trübe. Die in der Umgangssprache gebräuchliche Wendung könnte also durch den darin enthaltenen Widerspruch ironisch darauf hinweisen, dass etwas selbstverständlich ist. Ein ähnlich verdrehtes, scherzhaftes Sinnbild verwenden wir auch mit der Redewendung »klar wie dicke Tinte«.

Kohldampf schieben

Bei dieser volkstümlichen Redensart geht es um mehr als nur um Appetit auf eine kleine Mahlzeit zwischendurch. Obwohl Kohl ein sehr schmackhaftes Gemüse ist, hat dieser Wortbestandteil nichts mit der zur Gattung der Kreuzblütengewächse gehörenden Pflanze zu tun. Bei der Umschreibung für großen Hunger handelt es sich vielmehr um eine Bezeichnung aus dem mittelalterlichen Wortschatz der Unterwelt. »Es kollert mich« bedeutete so viel wie »Ich bin hungrig«, und zwar sehr hungrig. Auch der Dampf, um den es beim Kohldampf geht, entsteht nicht beim Kochen. Vielmehr hat auch dieser Begriff seine Wurzeln im Gangstermilieu, er steht für das Hungergefühl selbst. Also haben wir es in diesem Fall mit einer Wortdopplung zu tun.

Aus der Welt der Gauner gelangte der Kohldampf in die Soldatensprache, denn mancher Soldat, der Wache schieben musste, hatte dabei mit einem knurrenden Magen zu kämpfen. Auch das Wort schieben hat nichts mit der entsprechenden Bewegung zu tun, sondern ist ebenfalls aus dem Rotwelschen abgeleitet, wo »scheften« so viel bedeutet wie »sein«.

Mit selbstironischem Galgenhumor vermischten die Soldaten die Sprache einer fremden Welt mit ihrem Lebensbereich und nannten die fahrbare Feldküche nicht nur Gulaschkanone, sondern auch Kohldampfabwehrkanone. Das war im doppelten Sinn richtig, denn was die Feldküche zu bieten hatte, war oft dampfende Kohlsuppe. In der Regel leider zu wenig, um den Hunger zu stillen, damit blieb derjenige, der trotz Kohlsuppe Kohldampf schob, doppelt hungrig. Im Ersten Weltkrieg wurde die lustig klingende, aber im eigentlichen Sinn recht traurige soldatische Redewendung »Kohldampf schieben« in der Bevölkerung bekannt.

Königsberger Klopse

Es ist leider nicht überliefert, ob der berühmte Königsberger Philosoph, der große Immanuel Kant, sich an »Königsberger Klopsen« gelabt hat. Dass jedoch die aus Hackfleisch, Speckwürfeln, Sardellen, Zwiebeln und Eiern hergestellten und in einem raffinierten Sud gegarten Klopse Körper und Geist aufs Vortrefflichste zusammenhalten, steht außer Frage. Kategorischer Imperativ sind die Kapern, die der Sauce den nötigen Pfiff verleihen.

Während Königsberg heute unter dem Namen Kaliningrad eine bescheidene Existenz als untergehende russische Flottenbasis fristet, die kaum noch Erwähnung findet, gelten die edlen Frikadellen in Sahne-Kapern-Sauce hierzulande als das bekannteste Regionalgericht der deutschen Küche. Angeblich hat die Köchin eines Königsberger Kaufmannshauses das Rezept vor etwa zweihundert Jahren erfunden, das ursprünglich »Klopps von Kalbfleisch« hieß. Den Zusatz »Königsberger« findet man erst nach 1900 in den Kochbüchern. Wahrscheinlich geht der Begriff »Klopps« auf das niederdeutsche »kloppen« für klopfen zurück, denn ursprünglich wurde das Fleisch für dieses Gericht mit einem Küchenhammer so lange geschlegelt, bis es in kleine Fetzen zerteilt war.

Rezept Königsberger Klopse

FÜR VIER PERSONEN:

500 g Hackfleisch	1 EL Petersilie
(halb Rind-, halb	Salz, Pfeffer
Schweinefleisch)	40 g Mehl
1 altes Brötchen	40 g Butter
1 Ei	½ l Brühe
eine Zwiebel	1 EL Kapern
65 g gehackte	2 Eigelb
Sardellenfilets	1 TL Zitronensaft

Hackfleisch mit eingeweichtem, ausgedrücktem
Brötchen, Ei und der fein geschnittenen, im Fett
angerösteten Zwiebel, Sardellenfilets, Zitrone, Salz
und Pfeffer zu Fleischteig verarbeiten, Kugeln formen
und in kochendem Salzwasser garziehen lassen.
Mehl in Butter schwitzen, mit Brühe auffüllen,
Kapern hineingeben und die Soße mit Zitronensaft,
Salz und Pfeffer abschmecken, mit verquirltem Eigelb
legieren. Soße über die fertigen Klopse gießen.

Kreide fressen

Aus dem Märchen vom Wolf und den sieben Geißlein
wissen wir, dass der böse Wolf zunächst nicht ins Haus
gelangte, weil seine Stimme zu rau war. Also kaufte sich
der Wolf ein großes Stück Kreide, »die aß er und machte
damit seine Stimme fein«, so heißt es bei den Gebrüdern
Grimm.

Vielleicht steckt dahinter ganz einfach die Assoziation von weißer Kreide als Sinnbild für eine helle Stimme. Tatsächlich soll Kreide im wirklichen Leben beim Militär und im Internat zur Besänftigung von jungen Männern und pubertierenden Knaben zum Einsatz gekommen sein. Angeblich wurde Kalziumkarbonat bzw. Natron ins Essen gemischt, um die sexuelle Lust der jungen Männer zu dämpfen. Ob das wirklich praktiziert wurde, ist nicht bewiesen, und auch über die erhoffte Wirkung ist nichts bekannt.

Anatomisch betrachtet, ist die Tonhöhe unserer Sprechstimme von den Stimmbändern abhängig, die ein wesentlicher Teil des Kehlkopfs sind, und der wiederum liegt zwischen Rachen und Luftröhre im vorderen Halsbereich. Egal was man schluckt, es gelangt zunächst in die Speiseröhre. Sie hat die Aufgabe, Nahrung und Flüssigkeit in den Magen zu transportieren. Damit wir uns dabei nicht »verschlucken«, befindet sich am Ende des Rachens, an der Aufteilung zwischen Luftröhre und Speiseröhre, der Kehlkopf. Er verschließt automatisch die Luftröhre, wenn wir Nahrung aufnehmen. Das bedeutet, auch wenn wir jede Menge Kreide fressen, landet diese im Magen und kommt mit den Stimmbändern nicht in Berührung. Das gilt auch für Wölfe.

Die Geschichte von den sieben Geißlein und dem Kreide fressenden Wolf ist also anatomisch grundsätzlich unmöglich. Allerdings kann es schon mal passieren, dass überschüssige Magensäure die Speiseröhre wieder hinaufsteigt, was nicht nur sehr unangenehm, sondern häufig auch schmerzhaft ist. In diesem Fall klemmt der Schließmuskel zwischen Magen und Speiseröhre, und der saure Mageninhalt fließt in die empfindliche Speiseröhre zurück, was wir unter dem Namen Sodbrennen kennen.

Wenn Magensaft in die Speiseröhre gelangt, dann verändert sich der Resonanzraum, und die Stimme klingt heiser. Ein altes Mittel gegen diesen Reflux ist Kalziumkarbonat, also Kreide. Dementsprechend könnte man tatsächlich eine durch Sodbrennen rau gewordene Stimme wieder heller klingen lassen. Eine Therapie mit moderner Tafelkreide wäre allerdings nicht zu empfehlen, da diese aus Kalziumsulfat besteht. Freiwillig wird wohl niemand Kreide fressen, es sei denn, er leidet an dem sogenannten Pica-Syndrom, einer seltenen Essstörung, bei der Menschen sich von eigentlich ungenießbaren Dingen ernähren, was im Extremfall tödliche Folgen haben kann.

Auch wenn ein Zusammenhang von Kreide und Stimmlage bestehen könnte, die Redewendung hat damit eher nichts zu tun, wohl aber mit dem harmlos erscheinenden Wolf im Märchen. Denn wer »Kreide gefressen« hat, signalisiert falsche Friedfertigkeit und ein scheinbares Entgegenkommen.

Kullerpfirsich

In einer Werbung aus den 50er Jahren heißt es: »Eine Frau hat zwei Lebensfragen: Was soll ich anziehen? und: Was soll ich kochen?« Besonders brisant waren diese Fragen, wenn man eine Party plante, wobei die Kleiderfrage ihre Problematik bis heute nicht verloren hat, die klassischen Wirtschaftswunder-Party-Rezepte wie Käseigel, Toast Hawaii und Kalter Hund sind allerdings von der Speisekarte verschwunden, was auch für den legendären Cocktail »Kullerpfirsich« gilt.

Pfirsiche in sprudelndem Alkohol waren schon vor dem Zweiten Weltkrieg in Italien sehr beliebt. Weißer Pfirsich war die Lieblingsfrucht von Giuseppe Cipriani, Besitzer der weltberühmten »Harry's Bar« in Venedig. Um den Duft dieser herrlichen Frucht einzufangen, verarbeitete er das Fruchtfleisch zu einem feinen Mus und fügte Prosecco im Verhältnis eins zu drei hinzu. Weil das Getränk eine zartrosa Farbe hatte und der berühmte venezianische Maler der Frührenaissance, Giovanni Bellini, zarte Farben liebte, wählte Cipriani für sein Getränk den Namen »Bellini«.

Der Cocktail war so beliebt, dass während der Pfirsichzeit zusätzlich Personal eingestellt werden musste, um die benötigten Früchte zu entkernen und zu pürieren. Diesen Aufwand ersparte man sich in Deutschland. Die deutsche Hausfrau nahm den kompletten Pfirsich, legte ihn in ein großes Glas und goss Sekt oder einen moussierenden Wein darüber – und kurz darauf zeigte sich das Wunder. Durch den prickelnden Alkohol werden die Früchte scheinbar beschwipst und kullern munter im Glas.

Doch der Alkohol spielt bei diesem Phänomen gar keine Rolle, Getränke wie Sekt oder Champagner enthalten jedoch große Mengen an gelöstem Kohlendioxid, das unter Druck in der Flasche gehalten wird. Öffnet man die Flasche, perlt sofort ein Teil des Gases aus, und dieser Prozess setzt sich im Glas fort.

Allerdings können sich Kohlendioxidbläschen nicht spontan in der Flüssigkeit bilden, die Bläschen entstehen an der Glaswand, am Boden und auch auf der Oberfläche jedes beliebigen Fremdkörpers, der sich im

Glas befindet, also auch an Früchten. Kleine Luftansammlungen, die beim Eintauchen mit ins Getränk gelangen, sind ideale Startbedingungen für die Bildung von Kohlendioxidbläschen, welche die Frucht dann sehr schnell rundum einhüllen und ihr Auftrieb verleihen.

Ins Drehen oder »Kullern« kommt die Frucht, wenn eine Seite durch die Bläschen etwas mehr Auftrieb erfährt als die andere. Dann dreht sich der Pfirsich mitsamt den Bläschen nach oben. An der Luft zerplatzen sie – und das Spiel beginnt wieder von vorne. Angestoßen von den neuen, unten angesetzten Bläschen dreht sich die Frucht fortlaufend im Glas herum, zuerst langsam, dann immer schneller, bis der Pfirsich kullert.

Rezept Kullerpfirsich

Pfirsich mit einem Tuch ganz leicht abreiben und mit einer Gabel mehrmals anstechen.
Den Pfirsich im Glas mit etwas Weinbrand und gut gekühltem Sekt übergießen.
Zum Schluss wird der Pfirsich herausgenommen und auf einem separaten Teller zerlegt.

M

Maultaschen

Die Mönche des Zisterzienserklosters in Maulbronn kannten die Regeln und wussten genau, vor Gott kann man nichts verstecken. Aber bekanntlich ist das Fleisch schwach, und der Versuchung in Gestalt eines knusprigen Bratens konnten sie nicht widerstehen. Es herrschte Krieg, den man später den Dreißigjährigen nannte, und auch in den Klöstern war die Not groß. Als die Maulbronner Mönche ein großes Stück Fleisch geschenkt bekamen, hielten sie das für ein göttliches Wunder. Doch dieses Wunder fand ausgerechnet während der Fastenzeit statt, in der fleischliche Gelüste strengstens verboten waren. Andererseits knurrte allen der Magen, und so suchten die frommen Brüder einen Ausweg. Sie zerhackten das Fleisch und vermengten es mit Grünzeug, als »Braten« war es nun kaum mehr zu erkennen. Um aber ganz sicherzugehen, ummantelten sie die Fleischpaste mit einer Teighülle und nannten sie angeblich »Maulbronner Nudeltaschen«, woraus später die Bezeichnung Maultaschen wurde.

Von wem diese segensreiche Fleischspende kam, ist ein Geheimnis der Mönche geblieben. Vielleicht war die sagenumwobene Gräfin Margarete von Tirol die Wohltäterin, eventuell auch nur eine mögliche Namens-

Rezept Maultaschen

750 g Nudelteig
250 g gekochtes
Suppenfleisch
250 g gemischtes
Hackfleisch
250 g Bratwurstbrät
100 g Rauchfleisch oder
geräucherte Schinkenwurst
5 Eier
4 Brötchen

3 EL gehackte, glatte
Petersilie
1 große Zwiebel
200 g Spinat
½ TL gehackten Majoran
Muskat
frisch gemahlener Pfeffer
Salz
1 Eiweiß
1 l Fleischbrühe

Die Brötchen in Wasser einweichen. Zwiebel
häuten und fein hacken. In etwas Butter 3–4
Minuten anschwitzen. Spinat verlesen, waschen
und ohne Wasserzugabe blanchieren. Suppenfleisch,
Rauchfleisch und Spinat durch den Fleischwolf
drehen. Mit Hackfleisch und Bratwurstbrät, den
ausgedrückten Brötchen, den Zwiebeln und allen
anderen Zutaten in einer großen Schüssel gut
vermischen. Mit Muskat, Majoran, Pfeffer und Salz
kräftig abschmecken. Nudelteig in gut handgroße
Quadrate schneiden. Auf jedes Teigstück so viel
Fülle wie möglich geben. Den Teig diagonal zum
Dreieck umklappen. Die Ränder mit Eiweiß
verkleben. Die Maultaschen in die siedende
Fleischbrühe legen und bei geringer Hitze ziehen
lassen, bis sie an der Oberfläche schwimmen. Mit
dem Schaumlöffel herausnehmen und gut abtropfen
lassen.

patronin. Die Gräfin soll besonders hässlich gewesen sein, doch ihre Sinneslust war grenzenlos, und da sie Details ihrer vielen Liebschaften gerne ausplauderte, gab man ihr den Spitznamen »Maultasch«. Tatsache ist, dass man die gehaltvolle Fastenspeise noch heute als Maultaschen bezeichnet. Ob Gott das Versteckspiel der Maulbronner Mönche ungestraft ließ, wissen wir nicht, das Kirchenvolk aber verspottete den kleinen Schwindel und nannte das verhüllte Fleischgericht »Herrgotts B'scheißerle«.

Milchmädchenrechnung

Wahrheiten sind oft unerträglich, und ihre Akzeptanz stößt häufig auf erbitterten Widerstand. Um das »unverblümte« Vorhalten einer unangenehmen Tatsache ungefährlich zu übermitteln, wurde schon vor langer Zeit die Form der Fabel gewählt, in der eine bloßzustellende Eigenschaft der menschlichen Natur in ein anderes, buntes Gewand gehüllt wird.

Eine zeitlose Wahrheit ist in der Geschichte über eine Milchfrau versteckt: Die junge Perrette ist auf dem Weg zum Markt. Auf dem Kopf balanciert sie geschickt einen Topf, randvoll gefüllt mit frischer Milch. Energisch, aber sehr vorsichtig setzt sie Schritt vor Schritt, um nur keinen Tropfen zu verschütten. Wie sie so durch die Landschaft wandert, überlegt sie sich, dass sie von dem Geld für ihre Milch ein Huhn bekommen könnte. Das Huhn würde Eier legen, und die kann sie wieder auf dem Markt verkaufen. Aus dem Erlös kann sie sich weitere Anschaffungen leisten. Perrette beginnt zu träumen. Sie rechnet weiter, wie sie aus dem Gewinn des Eierverkaufs ein Ferkel anschaffen könnte, das sie mästen würde, bis es groß und dick ist. So ein Schwein brächte bestimmt eine ordentliche Summe, wovon sie dann eine Kuh und vielleicht ein Kälbchen kaufen würde. Bei dem Gedanken, wie ihr Geld sich vermehren wird, gerät Perrette ganz aus dem Häuschen. Sie hüpft vor lauter Freude und vergisst für einen Moment, was sie auf dem Kopf balanciert. Und da ist es auch schon passiert: Der Topf schwankt, purzelt vom Kopf, zerbricht und die Milch versickert im Boden. Aus der Traum von Küken, Kalb und Kuh. »Die Herrin all des Guts sah nun betrübten Blicks in Trümmern ihre Schätze liegen und fürchtet, ob des Missgeschicks, Prügel von ihrem Mann zu kriegen«, schreibt der französische Dichter Jean de La Fontaine über das Schicksal der armen Perrette.

Die Geschichte »Das Mädchen und der Milchtopf« hat sich natürlich nicht wirklich zugetragen. Die vor mehr als dreihundert Jahren veröffentlichte Fabel, deren Botschaft es ist, nicht zu große Luftschlösser zu bauen und immer hübsch auf dem Boden zu bleiben, lieferte die Vorlage für den Begriff »Milchmädchenrechnung«, obwohl das Wort selbst in der Geschichte gar nicht vorkommt. Auch wenn sich heute keiner mehr über den Wert einer Kanne Milch Gedanken macht, soll diese seit dem 19. Jahrhundert bekannte Bezeichnung daran erinnern, keine unlogischen oder zu einfachen Kalkulationen anzustellen, die sich aufgrund unzureichend bekannter Voraussetzungen möglicherweise nicht umsetzen lassen.

Immer wenn jemand auf naive Weise eine Rechnung aufstellt, die dann doch nicht aufgeht, hat er genau wie das unglückliche Milchmädchen Perrette wichtige Dinge nicht berücksichtigt, und alle hochgesteckten Ziele erweisen sich am Ende als Milchmädchenrechnung.

Mit jemand ist nicht gut Kirschen essen

Schon bei den steinzeitlichen Bewohnern der Pfahlbauten gehörten Kirschen auf den sommerlichen Speiseplan. Sie waren klein und ziemlich sauer. Erst der römische Feldherr und Feinschmecker Lukullus brachte im Jahr 64 v. Chr. eine besonders schmackhafte Sorte der Süßkirsche von der Schwarzmeerküste nach Italien, von wo aus sich das Edelobst über ganz Europa verbreitete. Karl der Große liebte das köstliche Aroma der kleinen roten Früchte und empfahl den Anbau in den Gärten der Klöster und Schlösser.

Kirschbäume waren selten und kostbar und auch nicht gerade leicht zu kultivieren, und wenn die Früchte voll gereift und sonnenprall im Garten leuchteten, waren sie ausschließlich für Aristokratie und Geistlichkeit reserviert, diese Oberschicht traf sich dann, um gemeinsam Kirschen zu essen.

Allerdings waren solche Treffen durchaus risikoreich, denn unter den adligen Herrschaften waren rasche Stimmungswechsel, Undankbarkeit, Überheblichkeit und auch Frechheit nicht unüblich. Schon 1734 steht in Steinbachs Wörterbuch darüber geschrieben: »Es ist nicht gut mit großen Herren Kirschen zu essen, sie spucken einem die Kerne ins Gesicht«, und in einer älteren Fassung heißt es: »… sie werfen einem die Stiele ins

Gesicht.« Selbst Martin Luther kennt diese Unart und beklagt sich mit dem Satz: »Es ist mit Herren nicht gut Kirschen essen, sie werfen einen mit den Stielen.« Eine besonders verhängnisvolle Erfahrung mit Kirschen musste der Markgraf von Meißen machen. Er war durch den Genuss vergifteter Kirschen ins Jenseits befördert worden, die ihm der Bischof Witigs gereicht hatte. Mit diesem Geistlichen war also in der Tat nicht gut Kirschen essen.

Wenn wir heutzutage die Redewendung »Mit dem ist nicht gut Kirschen essen« benutzen, so ist das allerdings keine Warnung vor möglichen Verletzungen oder gar einem tödlichen Anschlag, sondern lediglich die Feststellung, dass man mit jemandem, der autoritär, herrschsüchtig und unzugänglich ist, wirklich nicht gut auskommen kann.

Neuer Wein in alten Schläuchen

Dem Wein, wie auch allen anderen Spirituosen, wird Alkohol nicht zugesetzt, sondern er entsteht durch eine natürliche chemische Reaktion. Die alkoholische Gärung musste nicht erfunden werden, sie ist ein Naturphänomen, und die Herstellung von Wein ist schon seit Jahrtausenden bekannt.

Unter einer alkoholischen Gärung versteht man einen biochemischen Prozess, bei dem hauptsächlich Glucose zu Ethanol und Kohlenstoffdioxid abgebaut wird. Auch wenn der Wein schon trinkbar ist, hat er noch lange nicht sein Gären eingestellt. Deshalb braucht er Gefäße, die die entstehenden Gase halten können, ohne dabei zu platzen. Die Nomadenvölker konnten keine schweren Amphoren oder Fässer mit sich herumtragen, also benutzte man sehr dicht genähte Tierfelle, die wegen ihrer Form Schlauch genannt wurden. Am Anfang waren die Schläuche neu und fest, sie konnten dementsprechend dem Druck, während der Wein gärte und prickelte, widerstehen. Hielt man sich allerdings nicht an die bewährte Praxis und benutzte gebrauchte, alte Schläuche, wurden die Nähte durch die Gärung erneut beansprucht und konnten oftmals dem Druck nicht standhalten. Die Redewendung »neuer Wein in alten Schläuchen« bezieht sich heute nicht auf Riesling, Müller-Thurgau oder andere Traubensorten. Mit diesem Ausspruch wollen wir verdeutlichen, dass man einen neuen Inhalt auch auf eine andere Art und Weise präsentieren muss, und für die Umsetzung neuer Ideen auch neue Strukturen braucht. Populär geworden ist auch die Gegenform des Satzes, also »alter Wein in neuen Schläuchen«, denn damit wird der Versuch kritisiert, einen bekannten Inhalt neu zu verpacken, um so zu vertuschen, dass letztlich gar nichts Neues geboten wird.

Die Redewendung hat ihren Ursprung im Neuen Testament, wo erklärt wird, warum sich die Jünger Jesu nicht an die Fastengebote halten müssen. Fasten heißt wörtlich »einschnüren«, und gemeint ist damit das Bäuchlein. Der Sinn des Fastens bestand vor allem darin, vor Gott zu treten, die eigenen Sünden zu bereuen, alles Äußere zu vernachlässigen und ihn meditativ zu verehren. Diese weltabgewandte, innere Haltung pflegten die Juden auch äußerlich zu demonstrieren, sie trugen Sackleinen und streuten sich Asche auf den Kopf. Doch wie die Menschen so sind, irgendwann vergaß man den eigentlichen Verzicht und stellte nur noch die äußeren Zeichen der Buße zur Schau. Jesus kritisierte diese ohne innere Anteilnahme praktizierte Fastensitte als scheinheilig und forderte seine Anhänger auf, dieses heuchlerische, nur auf Äußerlichkeiten bedachte Verhalten aufzugeben. Seine Meinung begründete er mit dem Bild von der ungeeigneten Lagerung von neuem, noch nicht ausgegorenem Wein in alten, brüchigen Weinschläuchen. Für seine neue Botschaft forderte er ein freiheitliches Verständnis, das nicht mit dem erstarrten System und der Routine der überlieferten Traditionen vereinbar war. Auch heute scheitern viele Reformen daran, dass neue Ideen in alte Strukturen eingepflanzt werden sollen, die sich als resistent gegenüber allen Versuchen einer Veränderung erweisen. Daher ist die Redewendung mit dem Hinweis auf die Unvereinbarkeit von neuem Wein in alten Schläuchen immer noch aktuell.

Nicht aus Zucker sein

Der Wunsch, sich das Leben zu versüßen, entspringt einem Urinstinkt des Menschen, doch es dauerte Jahrtausende, bis der perfekte Stoff, um dieses Verlangen zu befriedigen, gefunden war. Das wohlige Gefühl, mit dem der Körper auf Süßes reagiert, ist ein evolutionär entstandener Anreiz zur Energieaufnahme über das Hungergefühl hinaus, doch außer Honig gab es früher keine hochkonzentrierten Süßigkeiten oder süßen Getränke, und erst die Kreuzritter brachten Zucker aus dem Nahen Osten nach Mittel- und Nordeuropa. Zunächst diente er nicht als Nahrungsmittel, sondern als Gewürz und Medikament. Der medizinische Gebrauch verbreitete sich durch die Vermittlung der arabischen Pharmakologie, wobei der Zucker als eine Art Allheilmittel eingesetzt wurde, vor allem half er aber, abscheuliche Mixturen genießbar zu machen. Als Gewürz fand er Eingang in die herrschaftliche Küche, die ihn neben dem etwas günstigeren Honig zum Würzen von Fleisch, Fisch und Gemüse verwendete.

Die Verbreitung des Zuckers wurde durch das Prestige, das lange Zeit mit ihm verbunden war, begünstigt. Seit dem 15. Jahrhundert hatte er sich zu einem Statussymbol sozialer Eliten entwickelt. Luxuriöse Schleckereien aus Zucker dokumentierten den Aufstieg auf der gesellschaftlichen Leiter. Wichtig war, dass die Süßigkeiten nicht nur mit dem Mund gekostet, sondern auch mit den Augen »gegessen« wurden. Wahre Kunstwerke aus Zuckerguss krönten jede Tafel beim Bankett, Zuckerzangen aus Silber und Zuckerdosen aus Porzellan zeigten die Wertschätzung für den süßen Luxus.

In bäuerlichen Haushalten verwendete man Zucker früher nur bei hohen Festen, vor allem um zu zeigen, dass man sich auch Herrenspeisen leisten konnte. Er wurde allerdings den Speisen nicht untergerührt, sondern vor dem Servieren darübergestreut, sodass ihn alle Gäste sehen konnten.

Das hohe Prestige ist dem mittelalterlichen Heilmittel und frühneuzeitlichen Genussmittel inzwischen verlorengegangen, und das Prädikat »zuckerfrei« dokumentiert den Imageverlust des Zuckers mehr als deutlich. Auch seine weiße Farbe, früher ein Zeichen von Qualität und Reinheit, ist in die Kritik geraten. Heute gilt die Farbe als Makel, der die Entfremdung zwischen dem Zucker und der Pflanze, aus der er isoliert wurde, offenbart.

Auch wenn Zucker selbst als süße Energie in die Kritik geraten ist, seine Attribute süß und weiß verursachen immer noch gewisse Glücksgefühle. Als Anfang der 1960er Jahre Bill Ramsey in seinem Schlager die »Zuckerpuppe von der Bauchtanztruppe« besang, kam dies nicht von ungefähr. Die Urheimat des Zuckerrohrs liegt in der Südsee, in Melanesien. Schon vor 15 000 Jahren galt Zucker als lebensrettender Energieproviant für lange Bootsfahrten zu den weit verstreut liegenden Inseln. Die Polynesier haben die Bedeutung des Zuckerrohrs auf anschauliche Weise in ihre Schöpfungslegende integriert: Am Anfang war die Erde nur von Männern bewohnt, doch eines Tages verfing sich in einem Netz ein Stückchen Zuckerrohr, das die Fischer kurzerhand wieder ins Meer zurückwarfen. Doch am nächsten und auch am übernächsten Tag wiederholte sich der ungewöhnliche Fang, und die Fischer entschlossen sich, den Steckling zu pflanzen. Die Pflanze wuchs und gedieh, und schließlich entspross dem Rohr ein überaus süßes Weib. Tagsüber blieb sie in ihrem zuckrigen Halm versteckt, in der Nacht jedoch kam sie heraus, um für die Männer – wahrscheinlich süße – Speisen zu kochen. Eine echte Zuckerpuppe also, die dennoch nicht aus Zucker war, denn der hätte sich im Wasser schnell aufgelöst.

Seit dem 19. Jahrhundert kennen wir die Bezeichnung der Zuckerpuppe als Attribut für eine hübsche, anziehende Frau. Doch es gibt viele Frauen, die sich vehement gegen eine solche Verniedlichung sträuben. Heute wollen die Mädels nicht nur hübsch sein, sondern auch als absolut taff gelten. Frauen, die Sturm und Regen sowie den Turbulenzen des Lebens trotzen – weil sie eben nicht »aus Zucker« sind.

Nicht die Bohne

Bohnen, Linsen und Erbsen gehören neben Getreide zu den ältesten Kulturpflanzen. Seit über sechstausend Jahren wird die Feld- oder Ackerbohne in Vorderasien, Nordafrika und Mitteleuropa angebaut. In vielen Kulturen wird in Mythen und Legenden die große Bedeutung der Bohne wiedergegeben. Einerseits sollte sie den Toten als Wegzehrung dienen, andererseits galten Bohnen wegen ihrer Beziehung zur Unterwelt als unrein. Man glaubte, dass in den Bohnenkernen tote Seelen wohnen, die mit der bekannten, unangenehmen Nebenwirkung nach draußen drängen. Ob der griechische Philosoph Pythagoras den Verzehr von Bohnen untersagte, weil er die »beseelten« Bohnen nicht verspeisen oder aber lediglich der blähenden Wirkung der Hülsenfrüchte vorbeugen wollte, ist bis heute nicht geklärt.

Das Christentum kennt ein Bohnenritual, das bis ins späte Mittelalter zurückreicht. Am Dreikönigstag wurde eine Bohne in einen Kuchen eingebacken, und derjenige, der die Bohne in seinem Kuchenstück fand, wurde zum »Bohnenkönig« ernannt. Seine Regentschaft dauerte nur einen Tag, danach übernahmen die Narren die Macht. Die Tradition des »Bohnenkönigs« ist in Vergessenheit geraten, doch bis heute gilt der 6. Januar als Start der heißen Karnevalssession mit Prunksitzungen und Maskenbällen. Narrenreiche sind zeitlich begrenzt und sollen die Menschen mahnen, dass Chaos, Gewalt und Zerstörung im Reich des Bösen herrschen und nur das »Reich Gottes« friedlich und segensreich ist.

Trotz der langen und bedeutenden rituellen und kulturellen Geschichte und ihres hohen Nährwerts wurden Bohnen nicht wirklich geschätzt, und Bohnengerichte galten als Armeleuteessen. Über eine raffinierte Zubereitung hatte sich niemals ein Spitzenkoch Gedanken gemacht. Bis ins 19. Jahrhundert hinein sucht man in den Kochbüchern Rezepte für Bohnenkerne vergebens, und der verächtliche Name Sau- oder Pferdebohne deutet darauf hin, dass die Hülsenfrüchte in der feinen Gesellschaft als Viehfutter galten. Weil die Bohne nicht zu den Vorlieben der Reichen gehörte, fand sie in den mittelalterlichen Quellen kaum Erwähnung, weshalb man den Eindruck gewinnen konnte, dass ihr Anbau unbedeutend war. Diese Ansicht hat sich bis in die Gegenwart erhalten, weshalb die Bohne als Sinnbild für etwas Nichtiges, Wertloses steht, was wir heute salopp mit der Redewendung »nicht die Bohne« ausdrücken.

Olle Kamellen

Der Kölner Rosenmontagszug, das sind trommelnde und pfeifende Männer in Uniform, Lieder vom »Treuen Husaren« oder der gesungene Wunsch »Wenn das Wasser im Rhein goldner Wein wär«, das sind der Kölle-Alaaf-Gruß und die flehenden »Kamelle-Kamelle« Rufe bis zur Heiserkeit. Der Kölner Jeck wartet nicht nur sehnsüchtig auf den Kamellenregen von den Prunkwagen, um sich köstliche Bonbons in den Mund zu stecken, er hat bereits zuvor zwei Buchstaben im Namen der Süßigkeit verschluckt, und zwar das »r« und ein »a« im Wort Kamelle, denn die wird eigentlich Karamelle buchstabiert.

Karamellen kann jeder machen, man muss nur Zucker karamellisieren, also zum Schmelzen bringen, mit Wasser, Milch oder Sahne ablöschen und langsam einkochen, bis die Masse hellbraun und dickcremig ist. Die Creme wird dann auf eine glatte Fläche gegossen, nach dem Erkalten in Stücke gebrochen, in Papier gewickelt, um sie schließlich am Rosenmontag vom Prunkwagen auf die karnevalsseligen Narren regnen zu lassen.

Natürlich können Karamellen alt oder – wie es norddeutsch heißt – oll werden. Sie sind dann wahrscheinlich etwas härter, haben aber immer noch ihre glücklich machende Süße. Von ganz anderer Art sind die ollen Kamellen, denn bei denen handelt es sich in Wirklichkeit nicht um Bonbons, sondern um alte Kamillenblüten. Die Kamille ist eine der ältesten und beliebtesten Heilpflanzen. Aus ihren Blüten mit den weißen Blättchen und dem gelben Blütenkörbchen in der Mitte wird der bekannte Kamillentee hergestellt, der seine wohltuenden Kräfte sowohl bei innerer als auch bei äußerer Anwendung entfaltet.

Getrocknete Kamillen sind zwar unbegrenzt haltbar, aber mit der Zeit verlieren sie nicht nur ihren würzigen Geruch, sondern auch ihre heilende Wirkung.

Ebenso wirkungslos wie die alten Kamillenblüten sind auch die ollen Kamellen in der weit verbreiteten Redewendung. Sie stehen für nutzloses Geschwätz und abgedroschene Phrasen, die keiner mehr hören will.

P

Pappsatt sein

Von den ersten frühen Ernährungsgewohnheiten in der Menschheitsgeschichte weiß man kaum etwas, es existiert kein einheitliches Bild der Frühmenschen, schließlich gab es unter ihnen die unterschiedlichsten Gruppierungen. Die meisten Belege deuten darauf hin, dass der frühzeitliche Mensch Pflanzen sammelte, Tiere jagte und alles roh verzehrte, bis er gelernt hatte, das Feuer kontrolliert zu gebrauchen. Danach vergrößerten sich Umfang und Art der Nahrungswahl, denn nun konnte man rösten oder grillen und vor allem Brei kochen.

Bis zum Ende des 18. Jahrhunderts aßen die meisten Menschen in Europa ausschließlich Brei. Getreide wurde geschrotet oder gemahlen und mit einer Flüssigkeit zu einer dickflüssigen bis halbfesten Konsistenz gekocht. Diese Art der Zubereitung ist die älteste und einfachste Methode, um Getreide für den Menschen essbar zu machen, auch heute noch wird in vielen Teilen der Welt die Hauptmahlzeit auf diese Art und Weise zubereitet. Vor allem aber ist Brei die Hauptnahrung von Kleinkindern.

»Papp« nennt man Brei in vielen Mundarten. Es handelt sich dabei um ein sogenanntes Lallwort, das ist ein Wort, das Kleinkinder leicht artikulieren können, *pappa* und seine Ableitung *pappare* – essen – sind schon aus dem Lateinischen bekannt. Wer also genug Papp gegessen hatte, war gut gesättigt oder, wie die Redewendung sagt, pappsatt.

Pêche Melba

Der Name Nellie Melba ist wegen des außergewöhnlichen Schmelzes ihrer Stimme bei Musikliebhabern wahrscheinlich ebenso bekannt wie bei Feinschmeckern der köstliche Schmelz der Süßspeise, die ihren Namen trägt. Die Australierin, die eigentlich Helen Porter Mitchell hieß, hatte sich zu Ehren ihrer Geburtsstadt Melbourne, wo sie 1861 das Licht der Welt erblickte, den Künstlernamen Nellie Melba gegeben.

Es war im Jahr 1892, als Auguste Escoffier, der legendäre Koch des Savoy Hotels in London, für die Sängerin wegen ihrer ständigen Gewichtsprobleme einen sehr trockenen, knusprigen und dünn geschnittenen Toast kreierte. Zum Dank für seine kalorienarmen Kochkünste hatte die Diva den Chefkoch in die Oper am Covent Garden eingeladen. Sie sang dort die Partie der Elsa in Wagners »Lohengrin«, und der Koch war begeistert vom hinreißend schönen Gesang der Melba. Er wollte sich für dieses großartige Erlebnis gebührend bedanken, und zwar mit einem Kunstwerk aus seinem Metier. Also kreierte der König der Küchenchefs eine ganz spezielle Süßspeise, wobei er sich auf die Frische und Süße der schmelzenden Stimme der Diva bezog. In seinen Memoiren schreibt Escoffier: »Im Gedenken an den mythischen Schwan aus dem ersten Akt kreierte ich einen Nachtisch aus Pfirsichen auf Vanilleeis, bedeckt mit einem Schleier aus gesponnenem Zucker, serviert in einem Silberbecher, der zwischen den Flügeln eines aus Eis ausgehackten Schwanes stand.«

Madame war entzückt, und selbst, als sie sich längst in ihre Heimat Australien zurückgezogen hatte, wurde dort bei großen Gesellschaften jedes Dinner mit dem »Pfirsich Melba« beendet. Eine Tonaufzeichnung der schmelzenden Stimme von Nellie Melba gibt es leider nicht, den Schmelz des berühmten Desserts »Pêche Melba« können wir aber auch heute noch genießen.

Rezept Pêche Melba

FÜR VIER PORTIONEN:

Vier reife Pfirsiche in kochendem Wasser blanchieren, mit Eiswasser abschrecken. Die Früchte häuten und halbieren, Steine entfernen. Die Pfirsiche in nicht zu dünne Spalten schneiden, mit etwas Zucker bestreuen und in den Kühlschrank stellen.
300 g frische Himbeeren waschen und putzen mit 50 g Puderzucker pürieren und durch ein Sieb streichen.
Pro Portion jeweils zwei Kugeln sehr sahniges Vanilleeis in eine Dessertschale geben und mit Pfirsichspalten garnieren. Die Himbeersauce darübergießen und nach Belieben mit ein paar Mandelsplittern verzieren.

Pizza Margherita

Als das junge italienischer Königspaar Umberto I. von Savoyen und seine Frau Margherita im Jahr 1889 ihr Land bereisten, lag die Vereinigung der Einzelstaaten auf dem italienischen Stiefel zu einer Nation kaum zwanzig Jahre zurück. Das Volk liebte das Herrscherpaar, und als die beiden an einem warmen Frühsommertag Neapel erreichten, waren Straßen und Gassen ein einziges Blumenmeer, unzählige grün-weiß-rote Fahnen wehten, und in der Stadt herrschte Volkfeststimmung. Am Abend gab das Königspaar auf Schloss Capodimonte hoch über der Stadt ein Galadiner für den lokalen Adel, Kirchenfürsten, den Bürgermeister, den Rat der Stadt, Künstler und Vertreter von Handwerk und Handel.

Der Chefkoch hatte ein exquisites Menü mit getrüffelten Wachtelbrüstchen, Hirschpastete und allerlei köstlichen Süßspeisen vorbereitet. Doch die Ausstattung der neapolitanischen Schlossküche bot etwas Besonderes, nämlich einen Pizzaofen, den Königin Maria Carolina d'Asburgo Lorena bereits im 18. Jahrhundert hatte einbauen lassen. Als Königin Margherita diesen Ofen sah, verlangte sie unverzüglich eine Erweiterung des Menüs um Pizza.

Der gesamte Hofstaat war entsetzt, außerdem wusste der königliche Koch nicht, wie die Teigfladen der armen Leute zubereitet wurden. Umgehend wurde Raffaele Esposito, der beste Pizzabäcker der Gegend, ins Palais gerufen. Er hatte keine Mühe, den Wunsch der Königin zu erfüllen, und um sie besonders zu würdigen, belegte er seine Teigfladen in den Farben der italienischen Nationalflagge Rot, Weiß und Grün – mit Tomaten, Mozzarella und Basilikum.

Begeistert dankte die Königin dem *pizzaiolo* für seine Kreation ihr zu Ehren, was diesen wiederum veranlasste, diese Pizza seiner Königin zu widmen, indem er sie »Pizza Margherita« nannte.

Rezept Pizza Margherita

FÜR ZWEI PIZZAS:

250 g Mehl in eine Schüssel geben, eine Mulde drücken und 20 g Hefe hineinbröckeln. Mit lauwarmem Wasser und ein wenig Mehl vom Rand einen Vorteig rühren, mit einem Tuch bedecken und 10–15 Minuten aufgehen lassen. Etwa 100 ml Wasser, eine Prise Salz und etwas Olivenöl hinzufügen. Alles zu einem glatten, geschmeidigen Teig verarbeiten, bis er Blasen schlägt und sich vom Schüsselrand löst. Erneut bedecken und ungefähr 30 Minuten gehen lassen.

1 kg reife Tomaten überbrühen, häuten, würfeln. 2 EL Olivenöl erhitzen, die Tomaten darin braten, bis die Flüssigkeit verdampft ist. Kräftig mit Salz, Pfeffer und Oregano würzen, abkühlen lassen. 2 Bleche einfetten, den Teig zu 2 runden Fladen ausrollen, kleine Ränder formen. Die Tomaten darauf verteilen. 250 g Mozzarella in Scheiben schneiden, auf die Tomaten legen, mit Olivenöl beträufeln. Im vorgeheizten Ofen bei 225 Grad 20–25 Minuten backen, mit Basilikumblättern bestreuen und noch mal 3–5 Minuten in den Ofen schieben.

Pustekuchen

Beim Wort Pustekuchen denkt man wahrscheinlich spontan an Atemluft und Backwerk. In Wirklichkeit hat der Ausdruck aber weder etwas mit Puste noch mit Kuchen zu tun, das Wort bedeutet einfach so viel wie »denkste«, und wir sagen es meistens voller Schadenfreude, wenn sich jemand umsonst Hoffnungen gemacht hat.

Die erste Zutat des Pustekuchens kommt aus dem Jiddischen. Bereits Anfang des 13. Jahrhunderts mussten Juden getrennt von ihren christlichen Mitbürgern in Ghettos leben. Weil nur die Männer Hebräisch lesen und schreiben konnten, begann man die biblischen Geschichten für die ganze Familie im für alle verständlichen Jiddisch zu erzählen. Aus dieser Zeit ist die Redewendung »Ja cochem, aber nicht lamdon« überliefert, was sinngemäß etwa bedeutet »Wissend, aber nicht schlau genug«. Im Wort Pustekuchen ist außer dem jiddischen *cochem* auch etwas Rotwelsch, die Gaunersprache des fahrenden Volks, enthalten, nämlich das Wort *poschut*, das mit »wenig« übersetzt werden kann.

Poschut cochem bedeutete also »wenig wissen«. Ein rätselhafter Ausdruck, der dennoch in der deutschen Sprache irgendwie vertraut klang. Im Lauf der Zeit wurde *cochem* entsprechend seinem Klang einfach durch das deutsche Wort »Kuchen« ersetzt. Auch für *poschut*, den ersten Bestandteil der Wortkombination, fand man eine entsprechende lautmalerische Übersetzung, indem man die gehauchte Anfangssilbe von poschut, »po«, mit ähnlich klingenden Lauten wie pff, pfui oder eben pusten in Verbindung brachte. Aus *poschut cochem*, dem jiddisch-gaunerischen »wenig wissen«, wurde folglich das auf Deutsch so ähnlich klingende Wort »Pustekuchen«.

Q

Quark reden

Quark gilt wegen des hohen Eiweißgehalts als sehr gesund, und kühlende Quarkwickel werden als wirksames Hausmittel geschätzt. Quark entsteht, wenn die entrahmte Milch sauer geworden ist und gerinnt. Ursache für diesen Prozess sind Bakterien, die aus der Luft in die Milch gelangen, den Milchzucker in Milchsäure zersetzen und sich infolgedessen Käseflocken, also Quark bildet. Dieser weiße Käse, der sich bei der Milchgerinnung absetzt, ist weich, formlos und hält selbst geringem Druck nicht stand.

Eigentlich ein wertvolles Lebensmittel, wird Quark dennoch bereits im 16. Jahrhundert im übertragenen Sinn für etwas Wertloses, eine Nichtigkeit benutzt und mit Quatsch – also substanzlosem, leerem Gerede – gleichgesetzt. Auch Goethe übernahm die Ansicht, Quark sei ein minderwertiges Nahrungsmittel, und trug das seinige dazu bei, diesen Ruf zu festigen. In seiner Gedichtsammlung »West-östlicher Diwan« schreibt er im »Buch der Sprüche«: »Getretner Quark wird breit, nicht stark.« Im Klartext heißt das, wer ein und dasselbe fadenscheinige Argument immer wieder mit anderen Worten wiederholt, walzt es zum Quatsch aus, tritt es breit. Heraus kommt dabei trotz aller Bemühungen nur getretener Quark. Der Dichterfürst verbirgt sich also auch hinter dem unscheinbaren Verb »breittreten«, das seither umgangssprachlich ebenfalls eine abwertende Bedeutung hat.

Wenn behauptet wird, jemand rede Quark, dann gelten seine Ausführungen als dummes Zeug und Unsinn. In anderen Redewendungen rund um den Quark steht dieser für Verständnislosigkeit, wie in »einen Quark verstehen«, für Antriebslosigkeit in »nicht aus dem Quark kommen«, für Kleinigkeiten in »sich über jeden Quark aufregen« und für fremde Angelegenheiten in »das geht dich einen Quark an«.

Inzwischen aber hat der Quark auch im positiven Sinne von sich reden gemacht. Den Anstoß dazu gab kein Geringerer als James Joyce, der ein großer Goethe-Liebhaber war und den »West-östlichen Diwan« sehr schätzte. Das Wörtchen »Quark« hatte ihm offensichtlich so gut gefallen, dass er es in die Satzkaskaden seines Romans »Finnegans Wake« einbaute. In diesem Werk behandelt der irische Schriftsteller James Joyce seine Wörter ganz so wie Physiker die Atome. Er spaltet sie, lässt sie zu neuen verschmelzen und sucht nach ihrem ureigensten Kern. Einen amerikanischen Physiker hat der Roman so fasziniert, dass er James Joyce einen Platz in der Quantenphysik zukommen ließ. Als Murray Gell-Mann 1965, also 24 Jahre nach Joyces Tod, die elementarsten Teilchen der Materie entdeckte, benannte er sie nach einem Zitat aus »Finnegans Wake«: »Three Quarks for Muster Mark!« – »Drei Quarks«, so erklärten Murray Gell-Mann und George Zweig, bilden das Herzstück unserer Kernmaterie, den Protonen und Neutronen. In der Atomphysik sind Quark(s) unvorstellbar kleine Teilchen, allerdings handelt es sich dabei weder um eine Kleinigkeit noch um Quatsch; dennoch werden viele Menschen der Meinung sein, wenn Wissenschaftler über Quarks diskutieren, dass sie dann ziemlich viel Quark reden.

R

Reinen Tisch machen

Bereits Platon und später auch Aristoteles vergleichen die Seele des Menschen mit einer unbeschriebenen Wachstafel, der *tabula rasa*, wobei darunter im übertragenen Sinne die Seele in einer Art reinem, noch nicht von der Außenwelt berührten Urzustand verstanden wurde. Im täglichen Leben bezog sich der Begriff auf eine Art antiken »Notizblock«, dabei handelte es sich um eine Schreibtafel aus Wachs, das in einen hölzernen Rahmen eingelassen war und in das man mit einem Griffel Schriftzeichen ritzen konnte. Wenn die Tafel vollgeschrieben war, schabte und glättete man den weichen Untergrund wieder, um sie erneut verwenden zu können.

Die antike unbeschriebene Schreibtafel, *tabula rasa*, ist in unsere Umgangssprache als »reiner Tisch« eingegangen. Man könnte die Redensart durchaus wörtlich auffassen, wenn sie sich auf den Arbeitsalltag bezieht. Dann beschreiben wir damit unser gutes Gefühl, wenn der Schreibtisch von Aktenstapeln befreit, die Werkzeuge von der Werkbank geräumt sind oder im Haushalt alles in Ordnung ist.

Häufiger jedoch ist das Aufräumen im übertragenen, aristotelischen Sinn gemeint, wo schon damals reinen

Tisch zu machen bedeutete, sein Gewissen zu entlasten. Über eine strittige Sache sollte man reden und Probleme nicht einfach unter den Tisch kehren. Wer also eine unangenehme Angelegenheit klärt, macht sprichwörtlich reinen Tisch.

Reinen Wein einschenken

»Zum Wohl, Glykol« war im Jahr 1985 ein geflügeltes Wort in Österreich, nachdem es in jenem Sommer einen Skandal um gepanschten Wein gegeben hatte. Eine Reihe Winzer und Händler hatten über Jahre ihre Weine mit dem Frostschutzmittel Glykol gepanscht, um sie »lieblicher« zu machen. Den lateinischen Spruch *in vino veritas* – im Wein liegt Wahrheit – hatten einige wenige Winzer mit ihrem Verhalten Lügen gestraft und damit einen ganzen Berufszweig in Verruf gebracht.

Ein Wirt, der »reinen Wein« einschenkte, war ein ehrlicher Mensch, der seine Gäste nicht betrog. Allerdings hat die Weinpanscherei eine lange Geschichte, bereits im 1. Jahrhundert n. Chr. berichtet Agrarschriftsteller Columella über die Verwässerung und Aromatisierung besonders beliebter Weine und das Panschen mit Honig und aromatischen Stoffen.

Es bestanden zwar schon in römischer Zeit Strafbestimmungen, jedoch ließen sich Verfälschungen nicht durch chemische Analyse, sondern nur durch Probetrinken nachweisen. Um den Weinfälschungen entgegenzuwirken, wurde eine erste »Ordnung und Satzung über den Wein« des Heiligen Römischen Reiches Deutscher

Nation auf dem Reichstag von 1498 zu Freiburg im Breisgau erlassen.

Dennoch streckten viele Gastwirte ihren Wein mit Wasser und allerlei Gewürzen. Wer reinen Wein ausschenkte und folglich seine Gäste nicht betrog, galt bald in jeder Hinsicht als ehrlicher Mensch. Dementsprechend bezieht sich die Redewendung »reinen Wein einschenken« auf Ehrlichkeit und Wahrhaftigkeit einer Person und hat mit Weinpanscherei nichts zu tun. Die Wendung »lauteren Wein einschenken« ist seit dem 16. Jahrhundert mehrfach belegt. Etwa zweihundert Jahre später setzte sich die heute allgemein übliche Form durch, wer also seinem Gegenüber reinen Wein einschenkt, sagt unumwunden die volle, oft auch unangenehme Wahrheit.

Restaurant

Zu Zeiten der Postkutsche war Reisen eine mühsame und vor allen Dingen zeitraubende Angelegenheit. Um von Berlin nach Wien oder von Paris nach Rom zu gelangen, musste man mehrmals übernachten. »Kost und Logis« wurde in Gasthäusern angeboten, der Wirt entschied, ob Fleisch oder Fisch auf den Tisch kam. Wem das angebotene Menü nicht schmeckte, hatte keine Wahl und musste hungrig zu Bett gehen.

Wie gut und einfallsreich der französische Wirt Boulanger gekocht hat, ist nicht bekannt. Allerdings ist überliefert, dass seine Spezialität Suppen waren. Er hatte sein Gasthaus im Jahr 1765 in der Rue des Poulies in Paris eröffnet. Die Speisen in Boulangers Gastwirtschaft, die später in das »Hotel d'Aligre« verlegt wurde, waren sehr einfach, aber er hatte eine Veränderung des Angebots vorgenommen. Bei Monsieur Boulanger musste der Gast nicht essen, was er vorgesetzt bekam, sondern konnte von einer Speisekarte wählen: zwischen seinen berühmten Suppen, verschiedenen Hauptgerichten und Nachspeisen. Die Auswahl der Gerichte verkündete er auf einem Schild, das er über der Eingangstür anbrachte. Vierzig Jahre später hatte Boulanger bereits mehr als fünfhundert Konkurrenten.

Die Französische Revolution hatte die Anzahl der aristokratischen Haushalte mit ihrem Heer an Bediensteten stark dezimiert. Und so blieb den Köchen und Küchenhilfen nichts anderes übrig, als ihre Kochkünste einem bürgerlichen Publikum anzubieten. Auch wenn es zur Zeit der Französischen Revolution wenig zu essen gab, finden sich hier die Anfänge der erfolgreichen Tradition großer französischer Küchenchefs und vieler berühmter Speisen. Der Pariser Wirt der ersten Stunden, Boulanger, hatte 1765 außer der Speisenfolge auch ein Zitat aus dem Matthäusevangelium auf sein Schild geschrieben: »Kommet her zu mir alle, die ihr an dem Magen leidet, ich will euch erquicken.« Und zwar im lateinischen Original, und so lautet dieser Satz *Venite ad me omnes qui stomacho laboratis, et ego reficiam vos.* Doch Boulanger war wohl in Latein nicht so bewandert und hatte statt *reficiam* den medizinischen Begriff *restaurabo* für »erquicken« gewählt. Auch wenn es nicht in allen Gasträumen revitalisierende, also erquickende Mittel gibt, hat sich der Name »Restaurant« für gehobene Gaststätten, in denen Speisen und Getränke angeboten und verzehrt werden, erhalten.

Rin in die Kartoffeln, raus aus die Kartoffeln

Kartoffeln waren bei den Inka schon lange als Nahrungsmittel bekannt, bevor sie die Spanier entdeckten und auf ihren Schiffen nach Europa brachten. In Italien wurde die Knolle wegen ihrer Ähnlichkeit mit Trüffeln als *tartufolo* bezeichnet, ein Name, der sich im 16. Jahrhundert auch in Deutschland verbreitete und aus dem der Name Kartoffel abgeleitet ist. Umgangssprachlich bezeichnet »Kartoffel« manchmal eine nicht besonders wohlgeformte Nase, und wer die »dicksten Kartoffeln« hat, ist zwar ein erfolgreicher Mensch und sicher auch ein guter Landwirt, sprichwörtlich aber auch der dümmste Bauer.

Die Redewendung »Rin in die Kartoffeln, raus aus die Kartoffeln« ist wahrscheinlich militärischen Ursprungs. Wenn im Manöver angeordnet wurde, dass eine Truppe in einem Kartoffelacker Tarnung suchen solle, gab es kein Zaudern oder Zögern, und die ganze Mannschaft zertrampelte das Feld. Ob zur Übung oder auch nur zur Schikane erfolgte manchmal umgehend die Anweisung, das Feld zu räumen, und die Truppe trat den Rückzug an.

Es kann sein, dass die widersprüchlichen Anweisungen aufgrund der plötzlichen Erkenntnis des zu erwartenden Flurschadens durch die vielen Militärstiefel gegeben wurden, möglicherweise handelte es sich aber auch um eine Routineübung zur Ausführung eines verdeckten strategischen Befehls. In der Militärsprache bedeutete »rein« so viel wie »Felder plündern«, »raus« dagegen war der Befehl: »Diese Gegend wird verschont.« Jedenfalls veranschaulicht die seit dem Jahr 1881 bekannte Redewendung »Rin in die Kartoffeln, raus aus die Kartoffeln« das mögliche Chaos und die Verärgerung über kurz hintereinander gegebene, sich widersprechende Anweisungen.

S

Salamitaktik anwenden

Die Langobarden lebten ursprünglich im nördlichen Deutschland, doch im 6. Jahrhundert n. Chr. erfasste sie das Fieber der Völkerwanderung, und sie brachen auf, um über Ungarn bis hinunter nach Italien zu ziehen. Wer sich auf eine Wanderung begibt, braucht haltbaren Proviant, und angeblich kannten die Langobarden bereits die Technik, Fleisch mit Steinsalz haltbar zu machen und in Därme zu stopfen. In Ungarn verbündeten sie sich mit den Awaren und hinterließen ihnen ihr Salzwurst-Rezept, um schließlich bis Bologna in Italien vorzustoßen. Es gibt also gemeinsame langobardische Wurzeln der ungarischen und italienischen Salami, wobei allgemein Bologna als Urzelle der Salamiproduktion gilt.

Der Name Salami geht auf das italienische Wort *salame* zurück, was so viel wie Salzwurst oder Salzfleisch bedeutet, denn um Fleisch haltbar zu machen, darf man wahrlich nicht am Salz sparen. Aus Angst, Salami bestehe aus Eselfleisch, verspüren viele allein beim bloßen Gedanken an den Verzehr einen Brechreiz. Doch Eselfleisch ist zart, mager, kalorienarm und schmackhaft, und die Abneigung geht wahrscheinlich auf alte Speisegebote zurück. Die Geschichte mit den Eseln ist keine Legende, denn es war bei den italienischen Bauern früher durchaus üblich, ihre Esel zu schlachten und zu Wurst zu verarbeiten, wenn sie zu alt zum Arbeiten waren. Allerdings besteht Salami heute hauptsächlich aus Schweinefleisch.

Im Jahr 1947 geriet die Salami in Ungarn im politischen Sinn in den Blickpunkt. *Szalámitaktika* nannte der Chef der ungarischen Kleinlandwirtepartei das Vorgehen der Kommunisten, die scheibchenweise immer mehr Macht übernahmen, indem sie ihre Gegner sukzessive durch allerlei Tricks ausschalteten. Später protzte der Stalinist Mátyás Rákosi mit dem Begriff, der in viele Sprachen Eingang gefunden hat.

»Salamitaktik« nimmt metaphorisch Bezug auf das Zuschneiden eines großen Stücks Wurst in dünne Scheiben und wird in den unterschiedlichsten Zusammenhängen verwendet, beschreibt aber allgemein immer die Taktik der kleinen Schritte. Um zu vermeiden, dass der Ärger allzu groß wird, versucht man beispielsweise, die Wahrheit vorsichtig und scheibchenweise zu erzählen.

Sauce Hollandaise

Mit dem aus dem Französischen stammenden Begriff Sauce wurde ursprünglich eine Maßnahme zur geschmacklichen Veredelung ausgedrückt. Zur Verfeinerung von Speisen dienen Saucen, die flüssig oder halbflüssig sein können und dafür sorgen sollen, dass ein Gericht schöner aussieht, besser riecht, besser schmeckt und nicht zuletzt besser verdaut werden kann. Weil es früher keine

Kühlung gab, konnte Fleisch, Geflügel oder Fisch nicht über einen längeren Zeitraum aufbewahrt werden. Saucen wurden also auch gebraucht, um den Geruch eventuell nicht mehr ganz frischer Lebensmittel zu überdecken. Auch die Sauce Hollandaise dient selbstverständlich zur Verfeinerung von Fisch, Meeresfrüchten und Gemüse, in Deutschland belegt sie als ideale Beilage zu Spargelgerichten einen Spitzenplatz. Zur Konservierung taugt die Sauce allerdings nicht. Weil sie unter dem Siedepunkt hergestellt wird, ist sie selbst leicht verderblich, und wie alle Buttersaucen sollte man sie auch nicht lange warm halten oder aufwärmen.

Wahrscheinlich hat die bekannte Buttersauce »Sauce hollandaise« ihren wahren Ursprung in der Normandie und wurde zunächst »Sauce Isigny« genannt. Die Stadt Isigny-sur-Mer war berühmt für ihre hervorragende Butterqualität. Bereits im Jahr 1651 beschrieb François Pierre de La Varenne in seinem Kochbuch »Le cuisinier françois« eine duftende Sauce, wobei die Zusammensetzung der Sauce Isigny aus frischer Butter, etwas Essig, Salz und Muskat sowie einem Eigelb zum Binden derselben beschrieben wurde. Als während des Ersten Weltkriegs die Butterproduktion in Frankreich zum Erliegen kam, wurde die Butter aus Holland importiert und die Sauce Isigny nach dem neuen Butterlieferanten Sauce hollandaise genannt.

Rezept Sauce hollandaise

200 g Butter aufschäumen, beiseitestellen,
bis sich die Molke als weißer Schaum abgesetzt hat.
Die klare Butter vorsichtig in ein anderes Gefäß
umfüllen.
2 Eigelb und 4 EL Weißwein mit einem Schnee-
besen schaumig schlagen. Schüssel auf ein warmes
Wasserbad setzen.
Butter in dünnem Strahl unter ständigem Schlagen
zufügen. Nicht kochen lassen! Mit 2 EL
Zitronensaft, Salz, Pfeffer und einer Prise Zucker
abschmecken.

Schmalhans ist Küchenmeister

Fast jeder kennt die Stereotypen wie Otto Normalver-
braucher mit seinen durchschnittlichen Bedürfnissen, den
derb-komischen Hanswurst, den angeberischen Prahl-
hans oder auch den armen Schmalhans. Sie alle gibt
es natürlich nicht wirklich, vielmehr handelt es sich um
Personifizierungen, die etwas Abstraktem menschliche
Züge verleihen.

Die Figur des Schmalhans als Küchenmeister wird
erstmals im Jahr 1663 in den Schriften des Theolo-
gen Johann Balthasar Schupp erwähnt, und auch im
»Simplicissimus« von Grimmelshausen hat der Hunger
unter dem Namen Schmalhans einen Auftritt. Vor dem
Siegeszug der Haute Cuisine mit eher übersichtlichen
Portionen galt ein voller Teller als absolutes Qualitäts-

merkmal, und wenn der Küchenchef selbst rundlich und wohlgenährt war, konnte man in der Regel sicher sein, von seinen Kochkünsten nicht enttäuscht zu werden. Wenn man dagegen nicht genug zu essen bekam und hungrig blieb, lag der Gedanke nahe, dass in dieser Küche nicht besonders üppig gekocht wurde und in Anlehnung an Grimmelshausen ein Schmalhans das Sagen hatte.

Der Name »Schmalhans« stand also für Hunger, Mangel und Armut, und wo er Küchenmeister war, gab es wenig oder nichts zu essen. Wenn es hieß, dort ist Schmalhans Küchenmeister, galt es entweder als Entschuldigung dafür, dass jemand zu arm war, um Gäste zu bewirten, oder aber als Vorwurf, um Geiz und Ungastlichkeit zu tadeln. Wer heute behauptet, bei ihm sei Schmalhans Küchenmeister, verweist eher auf ein Luxusproblem, nämlich den Wunsch, schön schlank zu sein und deswegen auf üppiges Essen verzichten zu wollen.

Seinen Senf dazugeben

In seinem Gesundheitsbuch aus dem Jahr 1563 schrieb Pietro Andrea Mattioli: »Senff ist gutt dem magen, zerteylt die groben speyss … reumt die brust, macht wohl ausreuspern, ist derhalben gutt denen, welche den atem schwerlich aus- und einziehen.« Die Menschen schätzten den Senf also nicht nur als Würze, sondern auch als Hausmittel gegen allerlei Beschwerden. Einige dieser Senfweisheiten gelten bis heute. Inzwischen konnte nachgewiesen werden, dass die in Senfkörnern enthaltenen Stoffe tatsächlich die Ausbreitung schädlicher Bakterien im Darm hemmen und fette und schwere Speisen durch die Zugabe von Senf leichter verdaut werden können.

Senf, lateinisch *sinapis*, ist eine kleine Pflanzengattung aus der Familie der Kreuzblütler, zu der auch der ebenfalls gelb blühende Raps gehört, was beide Pflanzen in der Reifezeit besonders ähnlich macht. Senfpflanzen können bis zu einem Meter hoch werden. Als Frucht bilden sich bis zu vier Zentimeter lange Schoten, die darin enthaltenen Senfkörner dienen dann als Ausgangsstoff für die Senfproduktion.

Die Griechen kannten bereits in der Antike eine scharfe Paste, wobei die traditionelle Herstellung auf einer Mischung aus gemahlenen Senfkörnern mit Traubenmost beruhte. Weil Most auf Latein *mustum* heißt, nannte der Verfasser des ersten Senfrezepts, der römische Autor Lucius Iunius Columella, die Gewürzpaste *mustum ardens*, auf Deutsch »brennender Most«. Im Französischen entwickelte sich daraus *moutarde* und im Deutschen der in bestimmten Regionen noch heute übliche Ausdruck Mostrich oder Mostert. Erst später entwickelte sich aus dem lateinischen Gattungsnamen *sinapis* über das althochdeutsche *senef* die heutige Bezeichnung Senf.

Bereits Karl der Große hatte den Bauern in seinem Frankenreich den Senfanbau empfohlen. Weil Salz und Pfeffer rar und daher sehr teuer waren, konnte die tägliche Nahrung nur mit Senf gewürzt werden. Um die Bedeutung von Senf als Gewürz hervorzuheben, wurde im 14. Jahrhundert sogar der Titel »Grand Moutardier du Pape«, also »päpstlicher Obersenfmeister«, verliehen.

Im Mittelalter kannte man eine unglaubliche Vielfalt an Senfsorten, interessant für die Weiterverarbeitung zum vertrauten Senf sind davon allerdings nur der weiße, der schwarze und der braune Senf. Es existieren zahlreiche schriftliche Überlieferungen über die Verwendung und Herstellung von Senf, wobei dem Dijon-Senf eine besondere Aufmerksamkeit zuteilwurde und die französische Stadt Dijon im 13. Jahrhundert sogar das Recht zu seiner alleinigen Herstellung erhielt. Die spezielle Rezeptur des bekannten Dijon-Senfs hat bis heute Gültigkeit, doch das Senfmonopol gibt es längst nicht mehr. Allerdings spricht kein Hersteller gerne über die Zusammensetzung seiner Zutaten, denn Senf soll nicht gleich Senf sein.

Die Popularität von Senf führte zu einer Verfeinerung von allen passenden und manchmal auch unpassenden Gerichten mit dem scharfen Gewürz. Diese Unart war besonders im 17. Jahrhundert verbreitet. Weil die Schärfe des Senfs als unverzichtbare Würze galt und dadurch die Speisen aufgewertet werden sollten, wurde jedes Essen reichlich damit gewürzt, mit dem Effekt, dass es unangenehm und aufdringlich schmeckte.

Ebenso wie sowohl passende als auch unpassende Gerichte mit Senf gewürzt wurden, geben manche Menschen ihre Meinung zum Besten, ohne dass jemand danach gefragt hätte. »Der muss überall seinen Senf dazugeben«, sagt man heute noch, wenn sich jemand immer wieder unaufgefordert einmischt.

Sich viel herausnehmen

Heutzutage weiß jeder, woraus ein komplettes Besteck besteht, doch Messer, Gabel und Löffel gehörten nicht immer zusammen. Fast so alt wie die Menschheit selbst sind Messer und Löffel, demgegenüber hat die Gabel eine vergleichsweise junge Geschichte. Bereits in der Steinzeit wurde die Jagdbeute mit Faustkeilen zerlegt, im Laufe der Jahrtausende wurde dieses Instrument immer mehr verfeinert und entwickelte sich schließlich zum Messer. Der Löffel als Schöpfgefäß hatte seine Vorbilder in der Natur, zum Beispiel in Muscheln oder großen Blättern.

Eine Gabel kannten die Menschen lange nicht, schließlich hatte man ja die Finger. Anfangs wurden Astgabeln oder zweizinkige Bratspieße benutzt, um die Jagdbeute über dem Feuer zu braten. Die Eliten der Antike, besonders die der römischen Kaiserzeit, lagen bequem seitlich auf einen Arm gestützt und benutzten die freie Hand, um die Leckerbissen direkt mit den Fingern in den Mund zu befördern. Vereinzelt sind schon erste kleine zwei- oder dreizinkige Essgäbelchen aus der ägyptischen, griechischen und römischen Antike bekannt, sie gerieten jedoch anscheinend wieder in Vergessenheit. In Byzanz waren die Tischsitten etwas eleganter, und um die erste Jahrtausendwende dienten Gabeln nicht nur zum Vorlegen, man benutzte sie auch, um sich die Finger nicht schmutzig zu machen. Als im 11. Jahrhundert der Doge von Venedig eine Byzantinerin heiratete, brachte sie die Gabel in ihrem Brautschatz nach Italien.

Dennoch aß man in Europa im Mittelalter noch lange Zeit mit den Fingern, zum Zerkleinern des Essens benutzte man sein eigenes Messer, und für Suppen und Brei gab es Löffel. Vereinzelt erkannte man zwar die Vorteile der Essgabel, mit der man einen Braten verzehren konnte, ohne sich die Finger zu verunreinigen, doch trotz dieses Vorteils setzte sich der allgemeine Gebrauch des neuen Geräts erst nach und nach durch. Nördlich der Alpen galt die Gabel als weibisch, außerdem spielte der Aberglaube eine Rolle, und zumindest in der ersten Zeit haftete ihr noch etwas Unheimliches an. Es hieß, wer mit der Gabel auf den Tisch schlägt, ruft die Not, und wer sie zum Tönen bringt, ruft den Teufel. Auch befürchtete man einen unheilvollen Einfluss der Gabel auf die Qualität von Milch.

Die Kirche verdammte die Gabel wegen ihrer Ähnlichkeit mit dem Dreizack des Teufels. Zwar gibt es keine nachprüfbaren Aussagen hoher Kirchenfürsten, doch angeblich wurde von der Kanzel herab gegen das Essgerät gewettert, und die zunehmende Scheu, seine Gaben mit den Fingern anzufassen, als eine Beleidigung Gottes gegeißelt. Die Kongregation des heiligen Maurus untersagte ihren Mitgliedern ausdrücklich den Gebrauch der Gabel, die von den Mönchen des Klosters Montecassino als »Teufelszeug« bezeichnet wurde, und auch Hildegard von Bingen fand sie offenbar gottlos. Konkreter wurde Martin Luther, von dem aus dem Jahr 1518 der Satz überliefert ist: »Gott behüte mich vor Gäbelchen.« Der Satiriker Johann Michael Moscherosch zählte sie um die Mitte des 17. Jahrhunderts zu den »welschen Possen«, und erst hundert Jahre später nahm die Gabel die heutige Form an, sodass man mit ihr das Essen nicht nur aufspießen, sondern auch »schaufeln« konnte. Damit etablierte sie sich endgültig als Teil des Essbestecks.

In der Sprache hat sich allerdings ein Wortspiel erhalten, das an Zeiten erinnert, als man noch mit den Fingern aß. Weil man das Fleisch einer gemeinsamen Schüssel entnahm, wollte natürlich keiner zu kurz kommen, und jeder achtete darauf, sich möglichst viel herauszunehmen. Der Ursprung der Redewendung »sich viel herausnehmen« weist eigentlich auf die Entnahme der Speisen aus der gemeinsamen Schüssel hin. Heute kann derjenige, der sich »viel herausnimmt«, auch schon mal gegen mehr als nur die Tischsitten verstoßen, denn diese Redewendung besagt, dass wir einen Menschen als anmaßend und frech empfinden.

Süßholz raspeln

Der Saft aus der Wurzel des Süßholzstrauchs, ein Grundstoff zur Lakritzherstellung, hat eine um das Fünfzigfache stärkere Süßkraft als Rohrzucker und schmeckt ein bisschen nach Anis. Was wir heute als süßes oder würziges Naschwerk genießen, war über Jahrtausende hinweg hauptsächlich ein Heilmittel. Inzwischen ist bewiesen, dass der im Süßholzsaft enthaltene Wirkstoff Glycyrrhizin die Magenschleimhäute und Bronchien tatsächlich beruhigt und der Süßholzzucker sogar Herpesviren unschädlich machen kann.

Die Süßholz-Geschichte reicht Jahrtausende zurück, neben der heilenden Wirkung der Wurzel wurde diese in der Antike auch als Durstlöscher sehr geschätzt. Angeblich sollen die Heerscharen Alexanders des Großen die langen Feldzüge teilweise ohne Wasser nur überstanden haben, weil Süßholz zum festen Bestandteil der täglichen Verpflegungsrationen gehörte.

Im abergläubischen Mittelalter wurden dem Süßholz magische Kräfte zugeschrieben, nicht zuletzt wegen seiner geheimnisvollen dunkelbraunen bis schwarzen Farbe, und immer wenn sich die Heilwirkungen nicht genau erklären ließen, hielt man es für Hexerei und Teufelswerk. Dennoch nahm der Verbrauch von Süßholz im Mittelalter stetig zu, und Lakritz als »süße Medizin« war weit verbreitet.

Um Arzneien oder Süßigkeiten herzustellen, werden die Wurzeln geraspelt, und den kleinen Stückchen wird der Saft entzogen, der anschließend eingekocht wird. Durch den Kontakt mit Sauerstoff verfärbt sich die Masse schwarz, und aus der Süßholzwurzel wird Lakritze. Die Süßholzraspel ist eine sehr grobe Feile, mit der die Wurzel auf eine nicht gerade zarte Weise bearbeitet wird, vielmehr wird dabei heftig und grob gekratzt. Und so gilt auch einer, der Süßholz raspelt, als ein Mensch, der auf ziemlich plumpe Weise versucht, sich bei jemandem einzuschmeicheln.

Tonic Water

Mit China hat der Chinabaum absolut nichts zu tun, es ist vielmehr die indianische Bezeichnung *Quina*, auf die sich der Name des in den nördlichen Anden beheimateten Baums bezieht, dessen Rinde auf Peruanisch *Kina-Kinalt* heißt. Angeblich war den Ureinwohnern der Anden die heilende Wirkung der Rinde des immer blühenden, duftenden Quina-Baums im Tal von Loxa schon früh bekannt. Einer Legende zufolge soll die schöne Gattin des spanischen Vizekönigs, Gräfin Ana Chinchón, auf einer Reise in Peru im Jahr 1638 schwer an Malaria erkrankt sein. Der Gouverneur von Loxa, der selbst erst kurz zuvor von einheimischen Indios mit der Chinarinde vom Fieber geheilt worden war, empfahl die Behandlung mit dem Rindenextrakt. Kurz darauf wurde Ana wieder gesund. Die aufsehenerregende Heilungsgeschichte der Gräfin von Chinchón wurde in der Botanik mit der Namensgebung »Cinchona« für den Fieberbaum Quina belohnt. Bei der Klassifizierung war der schwedische Botaniker Carl von Linné ein kleiner Fehler unterlaufen, denn korrekterweise hätte er die Pflanze »Chinchona« nennen müssen.

Nach ihrer Rückkehr aus Südamerika ließ die dankbare Gräfin in ganz Spanien den Rindenextrakt unter die Armen verteilen. Leider steht inzwischen fest, dass die Geschichte nicht stimmen kann. Ein 1930 entdecktes Tagebuch des Vizekönigs Fernández de Cabrera beweist, dass Ana Chinchón bereits drei Jahre vor der Ernennung ihres Gatten zum Vizekönig in Spanien verstorben war und seine zweite Frau, die ihn tatsächlich nach Südamerika begleitet hatte, sich zeitlebens ausgezeichneter Gesundheit erfreute. Der fürstliche Name Chinchón lebt, mit dem fehlenden »h«, als Cinchona zumindest im Wissen der Botaniker weiter.

Fest steht, dass die fiebersenkende Wirkung der Chinarinde ab Mitte des 17. Jahrhunderts in Europa bekannt war. Bei der Entdeckung der heilkräftigen Rinde waren wohl auch die Jesuiten involviert, jedenfalls propagierte der Orden bei Fieber die Anwendung von sogenanntem *Pulvis patrum Jesuarum*, das auch »Jesuitenpulver« genannt wurde. Grund genug für den überzeugten Protestanten Oliver Cromwell, lieber am Fieber zu sterben, als diesen »Teufelspuder« der Jesuiten einzunehmen.

Um das Monopol zu sichern, wurde die Herkunft von den jesuitischen Importeuren in der Alten Welt streng geheim gehalten. Durch diese Geheimniskrämerei war Chinarinde lange Zeit mit einem Hauch von Magie umgeben, keiner wusste, wie das daraus gewonnene Pulver gegen Malaria wirkte. Erst im 19. Jahrhundert gelang es den französischen Chemikern Pierre Joseph Pelletier und Joseph Bienaimé Caventou, den Wirkstoff, ein weißes, fast geruchloses kristallines Pulver, zu isolieren, den wir als Chinin kennen.

Besonders die Kolonialmächte waren an großen Mengen von Chinin für eine prophylaktische Behandlung ihrer Beamten und Soldaten gegen Malaria interessiert. Doch das in Wasser aufgelöste Chininpulver war nahezu ungenießbar, bis britische Offiziere die Idee hatten, die bittere Medizin mit Soda von Johann Jacob Schweppe zu verdünnen. Dem deutschen Uhrmacher Schweppe war es im Jahr 1783 gelungen, große Mengen Wasser mit Kohlensäure anzureichern. Das Kolonialgetränk Nummer eins wurde das mit dem Pulver aus der Chinarinde aromatisierte Sprudelwasser, das bis heute als Tonic Water vermarktet wird.

Total Banane

»Deutscher, bleib deutsch und lass dich gemahnen: Iss deutsches Obst und friss nicht Bananen« war eine populäre fremdenfeindliche Parole im Dritten Reich, doch schon kurz nach dessen Untergang begann der Siegeszug der exotischen Frucht. Sie wurde in der Bundesrepublik zum Symbol der Hoffnung. Im Jahr 1957 hatte der damalige Kanzler Konrad Adenauer gegenüber der Europäischen Wirtschaftsgemeinschaft für die Bundesrepublik die zollfreie Einfuhr von Bananen durchgesetzt. Zunächst gab es sie nur zu Weihnachten, dann auch an anderen Festtagen und schließlich an beinahe jedem Tag im Jahr. Nach dem Apfel war sie die zweitpopulärste Frucht, die gemeinsam mit den beliebten Desserts »Bananen-Split«, »Pfirsich-Melba« und »Birne Helene« ein wenig Exotik in die biederen 50er Jahre brachte.

Auch das SED-Regime wusste um die symbolhafte Bedeutung der Südfrucht und erklärte im Jahr 1972 den

»Import von Bananen zur kontinuierlichen Versorgung der Bevölkerung« zur geheimen Ministerratssache, allerdings hat sie ihr dabei verfolgtes Ziel keineswegs erreicht. Die Banane, die eigentlich zum Symbol des Wohlstands in der DDR werden sollte, wurde in Wirklichkeit zum Sinnbild des Mangels. Eine gesamtdeutsche politische Bedeutung bekam die Banane nach dem Mauerfall, wo an den Grenzübergängen die Neuankömmlinge mit Bananen versorgt wurden, und so schien es, dass auf diese Weise die untergegangene DDR nachträglich scherzhaft als Bananenrepublik ausgewiesen wurde. Natürlich war das nicht gerade schmeichelhaft, denn »Bananenrepublik« steht eigentlich verächtlich für Länder der sogenannten Dritten Welt, deren politische Kultur durch Korruption und Willkür geprägt ist.

Die Geschichte der realen Bananenrepubliken ist eng mit der Entwicklung des Transportwesens verbunden, da die in Südostasien beheimatete Banane leicht verderblich und somit zunächst für den Export völlig ungeeignet war. Zunächst brachten arabische Kaufleute die Banane im 7. Jahrhundert nach Nordägypten und in den Nahen Osten, von wo sie sich schnell über Ostafrika bis an die Atlantikküste des afrikanischen Kontinents ausbreitete. Den Portugiesen gelang es schließlich zu Anfang des 15. Jahrhunderts, Bananenschösslinge auf den Kanarischen Inseln anzupflanzen. Von dort brachte sie ein Dominikanerpater nach Santo Domingo, und heute grünen sie in der gesamten karibischen Inselwelt. Weil die Banane in ihrer Form dem menschlichen Finger ähnelt, bekam sie im Orient die arabische Bezeichnung für Finger, *banan*, ein Name, der sich über Spanien und Portugal in ganz Europa verbreitete.

Mit der ersten Eisenbahnlinie durch den Urwald Mittelamerikas begann der Siegeszug der Banane in Amerika, nur in Europa konnte sich die süße Frucht nicht so schnell durchsetzen. Erst mussten Bananendampfer mit Kühl- und Ventilationssystemen erfunden werden, um das empfindliche Gut von Las Palmas nach England verschiffen zu können, wo es schnell zu einem Symbol für Exotik und Weltläufigkeit wurde.

In den Zwanzigerjahren fand die Bananeneuphorie in dem populären Schlager »Ausgerechnet Bananen!« ihren Ausdruck, in dem der Sänger sich beklagt, dass seine Liebste weder Rosen noch Küsse zu schätzen weiß und es sie nach nichts anderem als nach Bananen verlangt. Schon bald war der Songtitel im Sinne von »Auch das noch!« in aller Munde.

Einen ähnlichen Ausruf kennen wir auch heute, denn wenn etwas völlig unsinnig ist, heißt es umgangssprachlich: »Das war total Banane.« Im Gegensatz dazu bedeutet die Redewendung »alles Banane« so viel wie: alles in bester Ordnung.

Sollte man von dieser Vieldeutigkeit ein wenig genervt sein, könnte vielleicht eine Banane Abhilfe schaffen, denn angeblich helfen Bananen sogar gegen schlechte Laune, da sie durch Serotonin und Noradrenalin die Glückshormone in Schwung bringen.

Treulose Tomate

Das feuerrote, saftige Fruchtgemüse aus der Neuen Welt – heute als Tomate in aller Munde – fristete in Mitteleuropa lange ein Schattendasein. Die von den Azteken *tomatl* genannten kirschgroßen Früchte der Wildpflanze, die im 16. Jahrhundert aus Mexiko kam, wurden zwar als Zierpflanze in deutschen Gärten sehr geschätzt, aber essen wollte sie niemand, galten sie doch lange Zeit als giftig. Schließlich hatten auch die heimischen Nachtschattengewächse einen etwas zweifelhaften Ruf. Beispielsweise war die Tollkirsche als Gift- und Hexenpflanze bekannt. Wer zu viel von den schwarz glänzenden Beeren aß, bekam Halluzinationen, und ein paar Tropfen ihres Atropins erweiterten die Pupillen, was als verführerisch galt und somit den Ruf der Tollkirsche als Aphrodisiakum begründete. Die Tomate hatte keinerlei bekannte erotisierende Wirkung, dennoch nannte man sie auf Französisch zunächst *pomme d'amour*, und in Deutschland hieß sie Liebes- oder Paradiesapfel. Vielleicht lag es an dieser Bezeichnung, dass sich manch einer sogar zu der abergläubischen Theorie verstieg, die rote Frucht bewirke Liebeswahn.

Die Italiener hatten mit diesen angeblichen Nebenwirkungen weniger Probleme. Zu Beginn des 20. Jahrhunderts, als der Tomatenanbau nördlich der Alpen als eine sehr unsichere Sache betrachtet wurde und sich in Deutschland kaum jemand Gedanken darüber machte, welch köstliche Delikatesse ihm entging, wurden die *pomo d'ori*, die »Goldäpfel«, wie man Tomaten hochachtungsvoll in Italien titulierte, längst mit Olivenöl, Basilikum, Zwiebeln und Knoblauch verfeinert und genussvoll verspeist.

Als der Erste Weltkrieg ausbrach, überraschten die Italiener ihre Bündnispartner trotz eines im Jahr 1882 geschlossenen Beistandspakts mit Deutschland und Österreich-Ungarn mit ihrer plötzlichen Neutralität. Das Defensivbündnis war für Italien nach der Kriegserklärung Österreichs an Serbien hinfällig geworden. Auch bei der Neutralität Italiens sollte es nicht bleiben. Im April 1915 hatten Franzosen und Engländer der italienischen Regierung im Londoner Geheimvertrag ein überaus verlockendes Angebot gemacht, dass sie nicht ablehnen konnten. *Italia irredenta!* – das unerlöste Italien! Unter diesem Schlachtruf verstand die italienische Regierung die Einverleibung des Trentino, Istriens und Dalmatiens, vor allem aber die Annexion des eigentlich deutschsprachigen Tirol bis zur Brennergrenze. Das Versprechen, nach Friedensschluss diese riesigen Gebietsgewinne in Besitz zu nehmen, war Grund genug für Italien, gegen Deutschland und Österreich in den Krieg zu ziehen.

Nördlich der Alpen war die Enttäuschung über den ehemaligen Verbündeten groß, die italienische Politik galt fortan als unzuverlässig und unbeständig. So lag es nahe, die treuebrüchigen, Tomaten essenden Italiener mit den damals bei der Kultivierung auch unberechenbaren Tomaten zu vergleichen. Zugleich führte die Assoziation der Tomate mit der Liebe, wie die Bezeichnung *pommes d'amour*, und gleichzeitig mit ihrem Gift als Nachtschattengewächs wohl zu dem Adjektiv »treulos«.

Die Wut über die wortbrüchigen, unzuverlässigen Bündnispartner machte sich Luft, indem eine kulinarische Vorliebe von Bella Italia verunglimpft wurde und man die Italiener als treulose Tomaten bezeichnete. Aber natürlich gibt es überall auf der Welt treulose Tomaten, das heißt untreue, unzuverlässige und wankelmütige Menschen.

W

Wasser predigen und Wein trinken

Im Idealfall sollte das Denken und Handeln eines Menschen deckungsgleich sein. Doch in Wirklichkeit denkt und handelt jeder von uns insgeheim gerne mal ganz anders, als er vorgibt. Die Vorspiegelung einer zwar lobenswerten, aber leider nicht immer gelebten Gesinnung nennen wir Heuchelei. Man möchte besser erscheinen, als man ist, um besonders den Mächtigen zu gefallen und sich dadurch Vorteile zu verschaffen. Hervorgerufen wird Heuchelei oft durch despotische, strenge Staatsgesetze oder auch orthodoxe Religionsedikte, die manche Menschen geradezu in die Unredlichkeit drängen.

Die Pariser Julirevolution von 1830 hatte auch in Deutschland liberale Leidenschaften entfacht. Doch schon bald zeichneten sich die ersten staatlichen Repressionen ab, eine schlechte Perspektive für den Dichter Heinrich Heine, einen glühenden Anhänger republikanischer Ideale. Weil er heuchlerisches Verhalten oder Unaufrichtigkeit verabscheute, ging er im Jahr 1831 freiwillig ins Exil nach Paris. Zwölf Jahre später betrat er erstmals wieder deutschen Boden, und was er da erlebte und worüber er nachgedacht hat, hat er in seinem berühmten Gedicht »Deutschland. Ein Wintermärchen« zum Ausdruck gebracht. Im achten Vers findet man die Zeilen:

> »Ich kenne die Weise, ich kenne den Text,
> ich kenn auch die Herren Verfasser,
> ich weiß, sie tranken heimlich Wein
> und predigten öffentlich Wasser.«

Dieser bildhafte Ausspruch illustriert einen weit verbreiteten Charakterzug, nicht vorhandene Gefühle oder Gemütszustände vorzutäuschen und Verhaltensformen von anderen zu verlangen, die selbst nicht eingehalten werden.

Wer also Wasser predigt und Wein trinkt, der ist scheinheilig und vertritt eine verwerfliche Doppelmoral.

Weißwurstäquator

Die Nord-Süd-Frage hatte in Bayern schon immer eine ganz besondere Bedeutung. Die Norddeutschen wurden pauschal als »Preißn« klassifiziert, obwohl es eigentlich weder eine politische noch eine geografische Grenze zum Norden gibt. Die mentalen Unterschiede zwischen Nord und Süd hob allerdings schon Martin Luther in seinen berühmten »Tischreden« hervor. Generell schätzte man die Bayern als gutmütige und freundliche Menschen, doch fatalerweise beschrieb der Vater der bayerischen Geschichtsschreibung, Johannes Aventinus, seine Landsleute Anfang des 16. Jahrhunderts als kräftige Naturmenschen, die dem Trunk, dem Tanz und der Wollust frönen, und begründete so ein Image, das den Bayern bis heute anhaftet. Dabei sind viele der krachledernen und dirndlverkleideten Selbstdarsteller, die man vermehrt auf dem Münchner Oktoberfest antrifft, in Wahrheit waschechte »Nordlichter«.

Ein spezielles Thema der Nord-Süd-Frage ist die sogenannte Weißwurstgrenze, die zunächst als Mainlinie einen scharfen Trennungsstrich zwischen dem Norden und dem neuen Bayern von Maximilian Graf von Montgelas markierte. Eine der schillerndsten Figuren dieser Zeit war Johann Christoph von Aretin, dem Bayerns Eigenständigkeit eine Herzensangelegenheit war und der vehement die Unvereinbarkeit der frankophilen, katholischen Bayern mit den protestantisch-norddeutschen Napoleon-Gegnern hervorhob.

In seiner Zeitschrift *Allemania* veröffentlichte von Aretin 1815 seine gegen Norddeutschland gerichtete Ideologie einer nördlichen Grenze und entschied sich willkürlich für den Main als unüberwindlichen Grenzfluss. Abgeleitet von dieser ideologischen Festsetzung bildete er ein Konzept zur Abwehr des Nordens und erklärte den Main gar als »militärische Grenze«.

Glücklicherweise verschwand die »Festungsmentalität« während der Prinzregentenzeit allmählich, und München entwickelte sich zum kulturellen Gegenpol Berlins. Doch die gelegentlichen Taktlosigkeiten Kaiser Wilhelms II. störten das friedliche Nord-Süd-Gleichgewicht, und die Autoren der in München erscheinenden Satirezeitung *Simplicissimus* antworteten auf die kaiserlichen Ausfälle. Mit witzig illustrierten, antipreußischen Frotzeleien kreierten sie den schnoddrigen, besserwisserischen preußischen Offizier und den arroganten, versoffenen Korpsstudenten. Doch auch der besondere bayerische Bürokratismus, die Bierseligkeit und der politische Klerikalismus waren Zielscheibe des Spotts. In diesem Milieu wendete sich die militärisch-aggressiv gemeinte Idee der Mainlinie allmählich zum gemütlichen, mehr gefühlten »Weißwurstäquator«, und seit dem Jahr 1920 ist dieser im allgemeinen Sprachverständnis mit der Maingrenze identisch.

Für den echten Altbayern endet die vertraute Welt allerdings bereits an der Donau. Alles, was sich nördlich davon befindet, gilt als *terra incognita* und liegt damit jenseits des »Weißwurstäquators«.

Die Weißwurst als Sinnbild für bayerischen Chauvinismus hat noch keine lange Tradition. Ihre Existenz verdankt sie dem Moser Sepp, der am Rosenmontag des Jahres 1857 in seinem Wirtshaus »Zum ewigen Licht« am Münchener Marienplatz für seine Kalbsbratwürste nur hauchdünne Schweinedärme auftreiben konnte, in denen die Würste beim Braten geplatzt wären. Der schlaue Gastwirt überbrühte die Weißwürste mit heißem Wasser und erfand so ein neues Gericht.

Wahrscheinlich benutzten die Autoren des *Simplicissimus* die Weißwurst zur Abgrenzung gebildeter Bayern von »Weißwurstphilistern«, andererseits galt die Weißwurst auch als Sinnbild für bayerisch-barocke Lebensart.

Die Nachricht, dass man in Frankreich bereits seit dem 14. Jahrhundert *boudin blanc* produziert habe, wurde diesseits des Weißwurstäquators ignoriert. Dennoch spricht viel dafür, dass die Weißwurst tatsächlich eine französische Erfindung ist, die einst ins frankophile München importiert worden war. Schließlich haben auch andere Klassiker der altbayerischen Küche französische Wurzeln, man denke dabei an den Leberkäs oder an Rinderschmorbraten »Böfflamott«, also *Bœuf à la mode*.

Weichei

Dass jeder Mensch anders tickt, ist allgemein bekannt. Um die unterschiedlichen Charaktere der Männer einzuordnen, haben wir verschiedene Schubladen: Gentleman oder Pantoffelheld, Macho oder Softie. Softie, abgeleitet vom englischen *soft*, also weich, nennen wir einen Mann, der nicht dem klassischen Bild von Männlichkeit entspricht. Die meist abwertende Bezeichnung soll auf Eigenschaften oder Verhaltensweisen hindeuten, die im traditionellen Rollenverständnis eher als Attribute von Weiblichkeit gelten. Der Softie tauchte im deutschsprachigen Raum erstmals in den 1970er Jahren auf und beschrieb Männer, denen es entweder an Eigenschaften wie Härte, Stärke oder Strenge mangelt oder die diese bewusst ablehnen und somit das Gegenstück zum Macho bilden.

Ein Softie wäre in den Stammeskulturen sicher zum Außenseiter geworden. Es war üblich, Knaben schon früh in Männergruppen zu integrieren, um Jagen und Kämpfen zu lernen, und bis zur Mitte des letzten Jahrhunderts gab der Vater die Verhaltensregeln in den Familien vor. Nach dem Zweiten Weltkrieg änderte sich in Deutschland das Bild vom starken Mann. Viele hatten im Krieg ihr Leben verloren, die Erziehung der Söhne lag allein in der Hand von Frauen und durch deren Emanzipation wurde dem »starken Geschlecht«

allmählich die alleinige Führungsrolle entzogen. Dennoch ist das traditionelle Männerbild nicht völlig aus den Köpfen verschwunden, was sich in vielen zum Teil noch heute gebräuchlichen Redensarten zeigt. Ängstliche oder weinende kleine Jungen werden zum Beispiel noch immer mit dem Spruch »Sei ein Mann!« zur Ordnung gerufen. Und das bedeutet, sei stark, sei mutig und wehr dich. Insgeheim gilt auch heute noch, dass nur derjenige ein richtiger Mann ist, der sportlich, cool und hart ist.

Der heutige Mann befindet sich also in einem Rollendilemma, der Patriarch ist verpönt, der männliche Held wird nicht mehr gebraucht und der Macho kommt auch nicht an, genauso wenig wie der Softie. Hin und wieder wird der Softie auch als Weichei bezeichnet. Die Bezeichnung »Weichei« entstammt der Jugendsprache und soll ausdrücken, dass es einer Person an der notwendigen Härte fehlt. Weicheier gelten als verwöhnt, bequem und möglicherweise feige. Sie sind nicht Manns genug, bestimmte Dinge durchzusetzen, es mangelt ihnen an Stärke, Tapferkeit und Mut. Wenn der sogenannte »richtige« Mann bereit für die Fortpflanzung ist, erkennt frau ihn angeblich an seinen prall gefüllten Hoden – umgangssprachlich derb Eier genannt –, die natürlich entsprechend hart sind. Ein Mann mit weichen Hoden wäre demnach kein echter Mann, sondern ein Weichei.

Wermutstropfen

Das Wermutkraut, lateinisch *Artemisia absinthium*, ist eine süß-aromatisch duftende Heilpflanze, die bereits vor über dreitausend Jahren auf einem ägyptischen Papyrus erwähnt wird. Auch Araber und Kelten kannten den Wermut als Heilmittel. Die Ärzte der Antike schrieben ihm Wirkungen zu, die weit über das, was der Wermut wirklich leisten kann, hinausgehen. So glaubte nicht nur der griechische Philosoph Theophrast, dass Schafe durch das Fressen von Wermut ihre Galle verlieren würden. Abgesehen von dieser doch recht abenteuerlichen Vorstellung hielt man Wermut für ein ausgezeichnetes Mittel, um die Folgen eines Alkoholrauschs auszutreiben, eine Ansicht, die sich bei so manchem bis heute gehalten hat.

Eine andere Wirkung, nämlich Schwermut mittels Wermut zu vertreiben, hatten die Schwestern Henriod aus dem Schweizer Kanton Neuchâtel im Sinn. Im Jahr 1769 präsentierten sie erstmalig ihr neuartiges Getränk als »belebendes Allheilmittel«. Das Gebräu aus Wermut, Gewürznelken, Zucker, Weingeist, Anisöl und einigen weiteren Zutaten bezeichnete man als Absinth, französisch für Wermut. Doch der Zaubertrank setzte sich erst erfolgreich durch, als die französische Armee Mitte des 19. Jahrhunderts in den Algerienkrieg zog und die Regierung die Soldaten mit dem Zaubertrank versorgte.

Nach Frankreich zurückgekehrt, priesen sie die ungewöhnliche Wirkung des Getränks, und schon bald labten sich nicht nur französische Trinkerseelen daran. Auch in den Kneipen, Pubs und Bars der Weltmetropolen wurde es zum Geheimtipp. Oscar Wilde beschrieb, wie es auf ihn wirkte: »… wenn man es schafft, nicht aufzugeben, kommt man in ein Stadium, in dem man Dinge sieht, die man sehen möchte, wundervolle, sonderbare Dinge.« Doch auch Epilepsie, Schwachsinn und gesteigertes Suizidverlangen zeigten sich bei häufigem Genuss des geradezu süchtig machenden Getränks, der zum sogenannten Absinthismus führte, womit ein körperlicher und seelischer Verfall gemeint war. Deswegen wurde seine Herstellung Anfang des 20. Jahrhunderts fast überall in Europa verboten.

Seit 1998 wird der alkoholische Zaubertrunk ganz offiziell wieder gebraut. In Bars und Bistros erfreut sich das häufig als »Grüne Fee« bezeichnete Getränk wachsender Beliebtheit. Um eine euphorisierende Wirkung zu erfahren, braucht man heute allerdings viel Fantasie, denn von dem für diesen Zustand verantwortlichen Thujon, einem ätherischen Öl, ist heute kaum noch etwas im Absinth enthalten.

Früher hieß es oft, Wermut heile Schwermut, denn durch seine Bitterstoffe regt er den Stoffwechsel an, was durchaus die Stimmung heben kann. Sein bitterer Geschmack wurde aber nicht von allen positiv gesehen, so galt der Wermut in der christlichen Welt als Symbol für die Heimsuchungen und Leiden des Lebens. Und weil bereits ein winziger Tropfen Wermutsaft genügt, um jede wohlschmeckende Flüssigkeit in einen bitteren Trank zu verwandeln, ist der sogenannte Wermutstropfen bis heute ein passendes Bild für negative Begleiterscheinungen, die ein an sich glückliches Ereignis trüben.

Wie Sauerbier anbieten

Bereits im 16. Jahrhundert verwendete der Meistersinger und Dichter Hans Sachs in seinem Schwank vom bittersüßen Eheleben die Redewendung: »Wer meinst, der saures p(b)ier ausschrey?« Beim Bierbrauen lief in damaliger Zeit häufiger mal etwas schief, sodass Bier mit besonders hohem Säuregrad entstand – eben Sauerbier. Dieses dadurch minderwertigere und somit weniger begehrte Produkt wurde mit marktschreierischen Methoden angepriesen oder zu einem geringeren Preis verkauft.

Die Redewendung bedeutet auch heute noch, dass jemand unbedingt etwas verkaufen will, das keiner haben möchte. Sie bezieht sich natürlich nicht mehr auf Bier, sondern auf alle möglichen Produkte, die über einen langen Zeitraum »wie Sauerbier« angepriesen werden.

Wissen, wo der Barthel den Most holt

Most ist die Bezeichnung für einen aus Trauben, Äpfeln oder Birnen gekelterten Saft. In bäuerlichen Gegenden war das Getränk ein willkommener Durstlöscher, und jeder hatte eine Quelle, wo er den beliebten Most bekommen konnte. Eigentlich kann die Beschaffung nicht allzu schwierig gewesen sein, doch bereits Grimmelshausen berichtete in seinem 1668 erschienenen »Simplicissimus« von einem gewissen Barthel, dessen Kenntnisse darüber, wo man den Most holt, anscheinend auch für alle anderen interessant waren, denn seither bedeutet die Redewendung »Wissen, wo der Barthel den Most holt«, dass jemand klug und schlau ist und allgemein Bescheid weiß.

Für die eigentümliche Aussage wurden im Lauf der Zeit etliche Erklärungen vorgelegt. Aus Frankreich stammt die Geschichte von einem törichten Bartole, der seinen Weinberg verkauft, um mit dem Geld neue Reben-Setzlinge zu erwerben. Im frühen Mittelalter soll es in Heilbronn einen Barthel gegeben haben, der sich kostenlos aus einem fremden Weinkeller bediente, und ebenfalls Barthel bzw. Bartholomäus hieß der Bräutigam auf der Hochzeit zu Kana, für den ja bekanntlich das Wasser zu Wein wurde.

Eine ganz andere Erklärung bietet die Gaunersprache. Demnach wäre Barthel gar kein Eigenname, sondern ginge zurück auf das aus dem Hebräischen stammende Wort *barsel*, was so viel wie Brecheisen bedeutet. Und Most entspräche dem jiddischen *Moos*, worunter man kleine Münzen verstand. Wer also ein Brecheisen besitzt und weiß, wo Münzen zu holen sind, hat zunächst einmal finanziell ausgesorgt.

Doch es gibt noch weitere Spekulationen. Der Gedenktag des Heiligen Bartholomäus, der 24. August, spielte im Bauern- und Winzerleben für die Vorhersage der Wetterverhältnisse in den kommenden Wochen eine große Rolle. Allerdings war es nur dann möglich, am Bartholomäustag frischen Most zu haben, wenn man seine Weinstöcke gepflegt und in guter Lage angebaut hatte. Wer also sorgfältig gearbeitet hatte, wusste, wo man an St. Bartholomäus den Most holen konnte.

Auch wenn der Most holende Barthel als Redewendung schon lange durch die deutsche Sprache geistert, weiß keiner so genau, ob es sich dabei um einen einfachen Mann oder einen Heiligen handelt. Unklar ist auch, ob der Barthel wirklich Most holt oder ob der Barthel ein Brecheisen ist, mit dem man sich auf verbotenen Wegen Geld beschaffen kann.

Fest steht, dass man mit Tricks und Kniffen manchmal leichter durchs Leben kommt. Doch wehe dem, der die Variante »Dir werd ich zeigen, wo der Barthel den Most holt« zu hören bekommt, der hat nämlich die Nerven anderer über Gebühr strapaziert und deshalb unter Umständen Übles zu befürchten.

Würfelzucker

Erfindungen sollen bestimmte Arbeiten erleichtern, sollen Hindernisse und Distanzen überwinden oder einfach helfen, das Leben angenehmer und schöner zu gestalten. Es waren kleine Erfindungen wie der Reißverschluss oder der drehbare Flaschendeckel, die im täglichen Leben Erleichterungen brachten, und bei vielen dieser bei uns inzwischen so selbstverständlichen Dinge kann man gar nicht glauben, dass ihnen der Prozess einer Erfindung vorausging.

Juliane, die junge Frau von Jacob Christoph Rad, dem Direktor der Zuckerraffinerie, sorgte für viel Abwechslung im gesellschaftlichen Leben von Datschitz in Mähren. Besonders für die ledigen Fabrikbeamten der Raffinerie, die Frau Rad im August 1840 zu Tisch gebeten hatte, war die Einladung eine angenehme Auflockerung ihres sonst eher eintönigen Alltags. Die Tafel bot alle Köstlichkeiten der österreichisch-böhmischen

Küche. Frau Juliane servierte als Wienerin, die in der Stadt der Kaffeehäuser aufgewachsen war, neben Kuchen selbstverständlich auch Kaffee und Zucker. Zucker war damals ein echtes Luxusgut, doch im Haus des Direktors einer Zuckerraffinerie hatte man selbstverständlich einen der üblichen 50 Kilogramm schweren, eineinhalb Meter hohen Zuckerhüte in der Küche verwahrt.

Natürlich konnte man dieses Monstrum nicht auf den Kaffeetisch stellen, und das Zerkleinern der steinharten Zuckerhüte war eine lästige, aber unumgängliche Aufgabe für jede Hausfrau. Auch Frau Direktor machte sich an die Arbeit: Erst schlug sie mit dem Zuckerhammer zu, dann zerkleinert sie die großen Zuckerstücke mit diversen Knipp- oder Schneidvorrichtungen. Als sie schließlich mit der Handzange die tafelgerechten Stücke abzwickte, war sie einen kleinen Moment unachtsam, die Knippzange rutscht ab und quetschte ihren Finger so, dass er blutete und ein wenig Blut sogar auf den teuren Zucker tropfte. Weil Zucker aber so überaus kostbar war, brachte Juliane es nicht über sich, ihn einfach wegzuschütten, und bot ihn dennoch ihren Gästen an.

Die rötlichen Zuckerstücke und der verbundene Finger der Gastgeberin waren nicht zu übersehen, und da die Gäste vom Fach waren, gab es bei Tisch nur ein Thema: Wie konnte man Zucker tafelfertig auftischen? Drei Monate später überraschte Jacob Christoph Rad seine Frau mit kleinen Kistchen, in dem 350 kleine Stückchen Zucker lagen.

Die Erfindung war recht einfach, mithilfe von Blechstreifen hatte er eine, Eiswürfelbehältern nicht unähnliche, Form konstruiert. Der Zuckerhut wurde geraspelt, der abgelöste Zucker angefeuchtet und in die Form gefüllt, dann ließ man die Würfel trocknen. Im Januar 1843 erhielt Rad das kaiserliche Patent zur Herstellung von Zucker in Würfelform, der als »Thee-Zucker« oder »Wiener Würfelzucker« in den Handel kam und schon bald nicht nur in Wien begeisterte Aufnahme fand.

Z

Zankapfel

Beim Zankapfel handelt es sich um ein schwer verdauliches Obst, dessen Ursprung im Werk des antiken
Schriftstellers Homer zu finden ist. Auf dem Olymp,
dem Sitz der griechischen Götter, findet ein Hochzeitsfest für König Peleus und die göttliche Nymphe Thetis
statt. Alle Götter sind geladen, nur die Göttin der Zwietracht, Eris, wurde übersehen, was sie verständlicherweise wütend macht. Aus Rache schleudert sie in die
Mitte der Hochzeitsgesellschaft einen goldenen Apfel
mit der Inschrift »Der Schönsten«!

Dummerweise gibt es drei Schönheiten: Hera, Gattin von Göttervater Zeus, die weise Athene und die
liebliche Aphrodite, und jede von ihnen erhebt Anspruch
auf den Apfel. Die Qual der Wahl hat Paris, er soll entscheiden. Der Königssohn aus Troja findet alle drei
sehr hübsch, darüber hinaus hatte ihm Hera die Herrschaft über ganz Asien angeboten und Athene ihm Weisheit und Kriegsglück versprochen. Doch er erwählte
Aphrodite, die ihm die Zuneigung der schönen Helena
zugesichert hatte.

Ob es wirklich klug von Paris war, Aphrodite zur
Siegerin zu erklären und Helena in seine Heimatstadt
Troja zu entführen, darf rückblickend bezweifelt wer

den. Denn nicht nur Hera und Athene sind nun wütend, sondern auch Menelaos, Helenas betrogener Ehemann. Schon bald macht sich ein starkes griechisches Heer – inklusive Königen, Göttern und Halbgöttern – auf den Weg nach Troja, um die Schöne nach Hause zu holen. Zehn Jahre lang tobt der berühmte Trojanische Krieg, an dessen traurigem Ende die Zerstörung Trojas steht. Und das, weil ein güldener Apfel zum Zankapfel geworden war. Noch Jahrtausende nach der Schlacht um Troja beschreibt der Begriff Zankapfel umgangssprachlich den zentralen Punkt einer Auseinandersetzung.

Zu viel auf die Lampe gegossen

Im Jahr 813 entschiedet das Konzil von Tours, dass Trunkenheit ein Werk des Teufels sei, und warnte, dass jeder, der zu viel Alkohol zu sich nahm, mit schweren körperlichen Schäden zu rechnen hätte. Schäden dieser Art hatte der Prager Erzbischof Thiedagg am eigenen Leib zur Genüge erfahren müssen. Sein Schnapskonsum war so exzessiv, dass er wegen seiner zittrigen Hände nur mithilfe einiger Priesterkollegen die Messe lesen konnte, schreibt ein Chronist des 11. Jahrhunderts. Branntwein wurde aus Wein hergestellt und galt seinerzeit als Heilmittel, sodass der arme Bischof gegen sein Handzittern, ein bekanntes Entzugssymptom, immer mehr Alkohol zu trinken bekam. Für den frommen Mann war diese Therapie eine doppelte Qual, wusste er doch, dass ungezügelter Alkoholkonsum als schwere Sünde galt, für die Höllenqualen unvermeidlich waren. Erst ab dem 19. Jahrhundert galt der vormals sündige Trinker als unschuldiger Kranker.

Für die biedermeierlich-bürgerliche Gesellschaft gegen Ende des 18. Jahrhunderts war es nicht ungewöhnlich, täglich etwa einen Viertelliter »Aquavit« – das Lebenswasser, abgeleitet vom Lateinischen *aqua vitae* – zu den Mahlzeiten zu konsumieren. Die Mediziner warnten vor Missbrauch und exzessivem Genuss, doch in der Bevölkerung wurde Trunkenheit belächelt und als harmlose Übertretung angesehen. Mit der industriellen Revolution und den damit verbundenen gesellschaftspolitischen Veränderungen entstand ein Heer von landlosen Proletariern, die, entwurzelt auf der Suche nach einer neuen Lebensform, ihre Existenzängste gerne im Alkohol ertränkten. »Sprit«, wie der Branntwein jetzt genannt wurde, war durch den Rohstoff Kartoffeln und den Einsatz neuer Destillationsgeräte so billig, dass er selbst für die Ärmsten erschwinglich war, was zu einem regelrechten Schnapsboom führte.

Schnapsleichen gehörten in den Armenvierteln zum alltäglichen Bild, und das Gespenst von der Branntweinseuche machte die Runde. *Lamper*, unmäßig trinken, hieß es vornehm auf Französisch, wenn sich jemand mit Alkohol zugeschüttet hatte. Weil aber kaum jemand die französische Bedeutung kannte, die Säufernase jedoch wie das ewige Licht rot glühte, wurde aus dem französischen *lamper* eine leuchtende deutsche Lampe. Um das Seelenheil der sündigen Trinker zu retten, wurde inbrünstig gebetet, und um die Gegenwart Gottes zu erhalten, musste das ewige Licht in der Kirche immer brennen, was durch das Nachfüllen von Öl sichergestellt wurde. Das galt auch für das eigene Leben, an dem man sich nur so lange erfreuen konnte, wie »das Lämpchen glüht«, wie es in dem Volkslied aus dem Jahr 1796 heißt. Leuchten sollten am Abend auch die Gaslaternen, mit denen seit Beginn des 19. Jahrhunderts die Straßen erhellt wurden. Für die manuelle Zündung war der Lampenversorger bzw. Anstecker mit einem langen Stock und einer Zündflamme und im Winter mit einer Flasche Brennspiritus ausgerüstet. Das aus Kohle gewonnene Stadtgas oder Leuchtgas war feucht, und im Winter bildete sich in den Steigleitungen Frost, wodurch es häufig zu zugefrorenen Rohren kam. Doch ohne Gasversorgung ging bei den Laternen kein Licht an. Um das Eis aufzutauen und die Lampe zu entzünden, musste ein Schuss Spiritus in eine eigens dafür vorgesehene Öffnung gegossen werden.

Spiritus wurde damals noch nicht, wie heute, in den synthetisch ungenießbar gemachten und von der Branntweinsteuer befreiten »Brennspiritus« und den besteuerten »Trinkspiritus« unterteilt. Allerdings kam zur Enteisung der Gaslampen eher Fusel als eine hochwertige Spirituose zum Einsatz. Bei den frierenden Lampenversorgern war es dennoch durchaus üblich, hin und wieder einen tiefen Schluck zum Aufwärmen aus der Flasche zu nehmen, und wer nach der Devise handelte: einen Schuss in die Lampe und einen Schluck für das eigene Lebenslicht, der hatte sich nach getaner Arbeit mit Sicherheit zu viel auf die Lampe gegossen.

Als Dessert eine Schlussbemerkung

Der Nachtisch wird erst dann gereicht, wenn alle Teller und Schüsseln des Hauptgangs abgeräumt sind, und weil abräumen auf Französisch *desservir* heißt, bezeichnete man den letzten, meist süßen Gang einer Mahlzeit als Dessert.

Die Menüfolge mit Vorspeise, Hauptspeise und Nachspeise wurde im 18. Jahrhundert als sogenannter *service à la russe* von der Zarenfamilie Romanow in St. Petersburg eingeführt. So gesehen ist die Bezeichnung »Dessert« zwar französisch, der Nachtisch als großes Finale jedoch eine russische Erfindung. Die Romanows waren es leid, dass stets lauwarmes Essen auf den Tisch kam. Beim zuvor üblichen *service à la française* wurden Suppe, Fisch, Fleisch, Gemüse und Süßspeisen gleichzeitig aufgetragen, wobei alles bereits auf dem langen Weg vom separaten Küchenhaus zum weit entfernt liegenden Speisesaal kalt wurde.

Mit dem kleinen Exkurs über das Dessert geht unser Schmaus und Braus zu Ende, und damit ist die Tafel aufgehoben!